ENTRE LÁGRIMAS Y ORACIONES

El camino del duelo y la viudez de la mano de Dios

ODETTE ARMAZA VDA. DE CARRANZA

ENTRE LÁGRIMAS Y ORACIONES

El camino del duelo y la viudez de la mano de Dios

B&H
ESPAÑOL®
BRENTWOOD, TENNESSEE

Entre lágrimas y oraciones: El camino del duelo y la viudez de la mano de Dios

B&H Publishing Group
Brentwood TN, 37027

Diseño de portada: Kristen Ingebretson
Portada: shutterstock_2161342319, Cinta: Kristen Ingebretson
Interior: shutterstock_2273767671

Foto de la autora por: Sigfrido Objio

Clasificación decimal Dewey: 234.2
Clasifíquese: MUERTE \ ALEGRÍA Y DOLOR \ ESPERANZA

ISBN: 979-8-3845-2881-4

Impreso en EE. UU.
1 2 3 4 5 * 28 27 26 25

Tú llevas la cuenta de todas mis angustias
y has juntado todas mis lágrimas en tu frasco;
has registrado cada una de ellas en tu libro.

Salmo 56:8 (NTV)

Créditos de la fotografía: Sigfrido Objio

Odette Armaza Vda. de Carranza

Odette fue alcanzada por el evangelio desde temprana edad. Nació en Bolivia, donde conoció al que sería su esposo. Juntos se trasladaron a la República Dominicana, país que desde entonces ha sido su hogar. Es miembro activa del Ministerio Ezer de la Iglesia Bautista Internacional, donde lidera grupos pequeños de estudio bíblico para mujeres.

Es coautora de varios libros cristianos y forma parte del equipo de consejería de su iglesia local. Odette es egresada del Instituto de Integridad y Sabiduría. Disfrutó de un matrimonio lleno de amor durante 23 años. Es madre de Nahir, Michelle y David, y orgullosa abuela de Susan.

A mis hijos Nahir, Michelle y David

Recuerden que los caminos que el Señor ha determinado para sus vidas solo pueden ser transitados tomados de Su mano y sostenidos por Su gracia. Descubran con gozo las bondades de Dios en todo tiempo.

Odette.

Índice

Introducción

¿POR QUÉ UN LIBRO SOBRE ESTE TEMA?

Recuerdo que estaba en una librería cristiana buscando un material para un artículo que debía escribir. Lo encontré bastante rápido y aproveché que tenía un poco de tiempo para ver con calma la variedad de libros que había en los diferentes estantes. Por primera vez me di cuenta de que, a pesar de estar llenos de libros con tópicos muy variados e interesantes, no había ninguno dirigido a la realidad de la pérdida de un esposo y las implicancias que tiene que enfrentar una mujer.

Encontré muchos recursos sobre el sufrimiento escritos por grandes escritores y autores con gran conocimiento bíblico que son de gran ayuda; están llenos de verdades que confortan y alientan en medio de las aflicciones y ayudan al creyente a recordar la perspectiva divina en medio del sufrimiento. Sin embargo, sentí que había un vacío en medio de tantos libros.

Hay tanto material con temas de matrimonio, hijos, adolescentes, finanzas, vida de familia, vida de iglesia y demás temas de crecimiento doctrinal y personal, pero ¿dónde está el libro al que una mujer pueda recurrir cuando pasó de esposa a viuda? ¿Qué recurso me permite saber que lo que estoy sintiendo o pensando no es una experiencia única, sino que muchas otras ya han pasado por esas luchas y vivencias? ¿Cuáles son las verdades bíblicas que Dios ha dejado para Sus hijas que experimentan la viudez? Trae mucho consuelo a nuestra humanidad tan limitada el saber que nuestras experiencias, por más que hayan sido orquestadas y vividas de forma personal, son comunes a las aflicciones que viven otros. Produce mucho aliento conocer sus experiencias y las respuestas que encontraron cuando nos toca recorrer ese camino desconocido.

En cierto modo, esta realidad confirmaba algo que ya había percibido con el paso de los años en mi caminar como viuda, pero no le había puesto un nombre. Aunque la viudez es un tema muy presente en las Escrituras, especialmente en el Antiguo Testamento, donde hay muchas instrucciones en favor del cuidado de las viudas, este tema no se aborda de forma más directa y natural en nuestro ambiente cristiano.

¿Por qué? No lo sé. Tal vez haya una cierta incomodidad al tocar este tema, quizás se piensa que no hay necesidad de hablarlo porque es posible que la respuesta inmediata que le demos a esta situación sea la verdad bíblica de que nuestras vidas son breves y tenemos una esperanza eterna. Esta misma línea de pensamiento me acompañó por mucho tiempo e hizo que dejara a un lado lo que escribí sobre las verdades en las que medité en medio de los tiempos de reflexión que tuve durante el proceso de la pérdida de mi esposo, verdades que al Señor le plació mostrarme durante ese tiempo de manera más personal, pero que ahora entiendo que es necesario darles una voz más audible.

Es una lucha personal exponer mis reflexiones por escrito, no porque dude de la importancia del contenido, sino porque me pregunto: ¿quién soy yo para escribir un libro sobre este tema? El poder presentarlo ante ustedes es en sí mismo una evidencia de que el Señor está en control y nos puede usar a pesar de nuestras debilidades. Sus verdades son infinitas y presentes para cada situación que vivimos en esta tierra.

Reconozco que es un libro claramente limitado en su contenido porque está pensado y dirigido a mujeres solas que han perdido a su esposo, pero también espero que pueda dar cierto entendimiento para que el cuerpo de Cristo pueda caminar junto a una mujer que por la soberanía de Dios pasó de esposa a viuda. También lo que vivimos personalmente en ese periodo tan breve de tres meses, que fue la historia que el Señor orquestó para nuestras vidas, lo uso para ilustrar cómo las verdades impactaron nuestras vidas.

Así como el salmista abría su corazón y expresaba su situación delante de Dios, así espero que puedas verte reflejada en aquello que encuentres en estas páginas, pero también que puedas llegar a tener un enfoque correcto y bíblico de lo que estás viviendo y la realidad de que Dios puede hacer grandes obras en medio de circunstancias que para nosotros ya no tienen esperanza.

Los creyentes somos los únicos que podemos enfrentar la realidad de la muerte natural sabiendo que, más allá de gozar de una promesa de una vida eterna en la que ya no habrá dolor ni llanto, nuestras lágrimas derramadas y nuestros temores mientras pasamos por un tiempo de aflicción no pasan inadvertidos para nuestro Señor. Solo Él sabe cómo obrar en esos momentos, solo Dios puede cambiar vidas y circunstancias y darles nuevos propósitos.

Este proceso de pérdida no solo es un duelo por aquello que fuimos, tuvimos o planeábamos tener, sino también es la oportunidad que Dios usa para hacer nuevas cosas entre aquellos que siguen de pie en esta carrera. Los que partieron ya terminaron su carrera, pero los que quedan deben tener la certeza de que Dios seguirá obrando con bien en sus vidas y de esa forma honrarle hasta el fin.

Si escogiste este libro es porque perteneces a uno de estos grupos. Has perdido a alguien cercano y estás en ese duro proceso de seguir adelante. Déjame decirte que puedo entender este tiempo que estás viviendo y espero que a través de estas páginas puedas encontrar apoyo, consuelo y esperanza en el Único que puede darla, nuestro buen Dios y Padre. Pero también puede que seas uno de aquellos que no sabe cómo acercarse a alguien que está pasando por una pérdida, no sabes si acercarte o distanciarte, hablar o callar, y mi deseo para ti es que puedas convertirte en ese prójimo que siente, ve y fortalece al que está sufriendo.

Cada libro tiene una historia y un proceso, muchos de ellos son fruto de la reflexión y el estudio de un tema en particular, otros simplemente nacen producto de las experiencias vividas. Este libro es fruto de lo vivido a través de la enfermedad de mi esposo, pero principalmente de ese proceso llamado «duelo» y que yo he denominado «seguir adelante». Es un camino desconocido que te lleva a experimentar muchos miedos, pero también a descubrir la bondad y la soberanía de un Dios a quien tal vez conocías de oídas, como Job, pero a quien conocerás de una forma más cercana y profunda.

La mayor parte de este material lo escribí en los primeros meses después de la muerte de Danilo, mi esposo, con el propósito de no olvidar lo que Dios estaba haciendo en medio nuestro. Ahora pienso que no sé cómo manejaba mi tiempo entre poder entender a través de muchas horas de estudio cómo continuar con la empresa que mi esposo había dejado, mantener una cierta estabilidad de familia con mis hijos cuando todo había cambiado radicalmente para nosotros y también lidiar con mi propio dolor y la falta tan grande de mi esposo.

Sin embargo, esas horas frente a la computadora con mi Biblia abierta, con ideas y versos que venían a mi mente y que simplemente los ponía por escrito, en medio de lágrimas y oraciones fueron los momentos que me acercaron a Dios, que me daban las fuerzas para enfrentar una noche y un día con todos los retos que traían consigo, porque en ese tiempo, si no lo sabías, las noches son aún más difíciles y largas que los días.

Unos meses después simplemente dejé de escribir y guardé este material, a pesar de que tenía un gran deseo de compartir y decir cosas tan reales y sencillas que pareciera que no tenemos permiso de decirlas. Entiendo que los tiempos y los planes del Señor son perfectos y esa pausa tenía su propósito, aunque muchas veces (casi siempre) no los entendamos. Solo después de muchos años, decidí nuevamente abrir el archivo para continuar con las reflexiones que se exponen en este libro.

Es mi intención que mi historia solo sea un instrumento que te lleve a mirar a Dios, que te ayude a verlo en medio de la oscuridad, que entiendas cómo Él también te ha sostenido a través de detalles y circunstancias que no habías notado, pero más que nada que puedas descansar en Su soberanía que guía y obra en tu vida.

No conozco tu historia o lo dura que pueda ser tu experiencia, pero sí conozco a un Dios que obra con propósito y que nos ama y acompaña en todo momento, un Dios que no se sorprende de lo que digamos o pensemos, un Dios que escucha nuestras preguntas sin juzgarlas u ofenderse y que oye nuestro clamor más profundo.

Si estás dudando de Su amor a causa de tu dolor, déjame darte algunas razones por las cuales puedes darle gracias en este momento: estás viva; tienes ojos que te permiten leer; tienes recursos porque compraste un libro, y si alguien te lo regaló, significa que le importas y eso es amor. Podría seguir con otros ejemplos, pero espero que seas tú quien sigas descubriendo la mano de Dios en cada detalle que rodea tu vida y eso te lleve a estar rendida al pie de la cruz, el único lugar que será tu refugio y fortaleza.

Es mi oración que el Señor hable a tu vida a través de la lectura de estas páginas y te ayude a ver la etapa que estás viviendo con la certeza de que Él está caminando contigo y, al mismo tiempo, entiendas lo que dice el Señor:

> En el día del bien goza del bien, y en el día de la adversidad, reflexiona. Dios hizo tanto el uno como el otro, a fin de que el hombre no sepa qué trae el futuro.
>
> Eclesiastés 7:14, RVR1995

PRIMERA PARTE

VIVIENDO UN DÍA A LA VEZ

Capítulo 1

DOS PALABRAS

¿Quién entre todos ellos no sabe
Que la mano del SEÑOR ha hecho esto,
Que en Su mano está la vida de todo viviente,
y el aliento de todo ser humano?

Job 12:9-10, NBLA

«Es cáncer, es maligno». No había forma de que sonara mejor sin importar cuáles hubieran sido las palabras pronunciadas ese momento. No había forma de que uno estuviera preparado para recibir esa noticia. Son solo cuatro palabras que al escucharlas tienen la fuerza para que uno tiemble por completo y entienda que, en un instante, toda la vida como la habíamos concebido hasta ese momento ha cambiado. Las prioridades, la rutina, la vida misma tendrían un sentido diferente y ahora recorreríamos sendas que solo el Señor conocía.

Habían pasado tan solo unos días desde que Danilo había estado con el doctor por un dolor de espalda que creíamos podía ser muscular, dado que su trabajo le hacía pasar muchas horas sentado frente a la computadora. Sin embargo, esa visita desencadenó una serie de análisis que creíamos rutinarios, hasta que llegamos al punto de que nos dijeran: «Es necesario hacer una biopsia». El tono de las palabras iba cambiando, las emociones iban en aumento y las posibilidades se iban cerrando.

El día de la prueba para la biopsia fue muy difícil. La sala de espera ya no lucía tan acogedora ni inofensiva como en otras visitas. Me permitieron acompañarlo hasta el momento en que lo llevaron a realizarle el estudio. Me dijeron que lo esperara porque estaría todavía bajo el efecto de la anestesia cuando volviera. Ese fue el primero de los muchos momentos en que me encontraría sola esperando entre las cuatro paredes de salas de hospital o consultorios, sumida en pensamientos con los que trataba de controlar la situación, imaginando los diferentes escenarios que podrían venir con esos resultados.

Era inevitable, dadas las circunstancias, estar asustados y nerviosos ante lo que podría venir. Pero mientras Danilo se recuperaba de la anestesia, me di cuenta de que tenía una tristeza diferente que se reflejaba en su mirada y, aunque no se animaba a decirme la razón, después de un largo silencio me contó que mientras estaba dormido por la anestesia se vio paseando en nuestra ciudad con sus papás (mis suegros habían fallecido muchos años atrás) y eso le trajo mucha tristeza. Tal vez ese sueño era como una nota divina que nos anticipaba lo que estábamos por vivir.

A pesar de que la forma en que el doctor se despidió después de esa prueba fue muy amable, sentimos que algo no estaba bien. Sus palabras alentadoras iban acompañadas de una cálida sonrisa, pero sus ojos no reflejaban esperanza, su mirada auguraba una mala noticia que no se atrevía a decirnos en ese momento, pero debido a su experiencia no necesitaba la confirmación de una prueba para saber a lo que nos enfrentábamos. No teníamos otra opción más que esperar el reporte médico correspondiente. Esperar, qué fácil resulta decirlo, pero ¡qué difícil es cuando lo que esperas es posiblemente la noticia que no quieres escuchar, que no vas a poder cambiar, pero que definitivamente te cambiará a ti!

La espera fue corta porque la indicación del reporte llevaba la nota de urgente; sin embargo, los pocos días se sintieron como largos porque cada uno de nosotros albergaba en su mente y su corazón pensamientos y preguntas que solo Dios conocía. La prueba fue un miércoles y nos dijeron que el viernes de esa semana nos llamarían para darnos los resultados.

El jueves transcurrió sin ninguna novedad. Llegó el viernes y lo tratamos de vivir con la mayor normalidad posible, manteniendo la rutina como cualquier otro día, aunque en nuestro interior iba aumentando el temor ante la llegada inminente de esa llamada. Pasó la mañana y nada, el mediodía y nada, ya casi era el final de la tarde y el teléfono no había sonado. ¿Sería que tal vez no habría noticias? Pensé con cierta esperanza que esa podía ser una buena señal, pero entonces recibí la llamada de Danilo para decirme que el doctor quería hablar con los dos por teléfono, que llegaría a casa en unos minutos.

No había mucho que decir, por más que tratábamos de alentarnos con palabras optimistas, en nuestro corazón sabíamos la verdad. Esa llamada fue corta y breve, pero cambió nuestras vidas para siempre. Colgamos la llamada y nos unimos en un profundo abrazo bañado en lágrimas, susurrando palabras de afirmación, de amor y de gratitud por los años juntos. Eran las primeras lágrimas de las muchas que brotarían de nuestros ojos durante este proceso. No solo compartimos el dolor juntos, sino que derramamos nuestro dolor delante del único que podía entendernos y sostenernos: nuestro buen Dios.

Si bien esas dos palabras («es cáncer») trastocaron nuestras vidas y marcaron un antes y un después en nuestra historia, hubiéramos quedado sin ninguna esperanza si no conociéramos esas otras dos palabras que tuvieron el poder para cambiar el curso, no solo de la historia de la humanidad, sino del destino de hombres y mujeres que estaban en una situación mucho peor, sumidos en muerte espiritual y separación eterna de Dios a causa del pecado.

La única cura para la condenación eterna era la muerte del santo Hijo de Dios. Esas dos palabras no fueron bañadas en lágrimas humanas, sino en sudor y sangre divinas:

«CONSUMADO ES».

Esa imagen grotesca de Cristo crucificado, desfigurado por los golpes y los azotes, ese momento de dolor y abandono humano y divino, fue en realidad la escena más noble y pura de justicia y amor de Dios a nuestro favor, simples pecadores necesitados de Su gracia. Su dolor y Su sufrimiento traerían una esperanza segura e inconmovible para este tiempo y para el venidero a todos aquellos que somos llamados Sus hijos. Tenemos la certeza de que ningún sufrimiento humano se compara con el de la cruz.

No estábamos solos en nuestro dolor y estábamos seguros de que el mismo Jesús había prometido estar a nuestro lado cada día de nuestras vidas, incluyendo esas etapas difíciles que todos atravesaremos en la vida. Jesús comprendía lo que estábamos pasando y nos aferramos a esa verdad.

> Porque no tenemos un Sumo Sacerdote que no pueda compadecerse de nuestras flaquezas, sino Uno que ha sido tentado en todo como nosotros, pero sin pecado.
>
> Hebreos 4:15

Te sientes mucho mejor cuando otra persona puede entender tu situación sin que tengas que usar muchas palabras. Sin importar la circunstancia que estés atravesando, ya sea una crisis financiera, una enfermedad o problemas de relaciones, la empatía tiene un efecto curativo, al menos por un momento. Sin embargo, lo que el Señor nos ofrece es más que un alivio momentáneo, es más que solo un sentimiento.

Jesús se encarnó como humano y también experimentó la soledad, la traición, el abandono, la incredulidad de quienes estuvieron muy cerca de Él. Por tanto, Él puede entender nuestras debilidades y las emociones que sentimos. Si nos acercamos con confianza, no sentimos Su juicio, sino Su amor y Su compasión. Es un amor divino que sobrepasa todo entendimiento y cualquier circunstancia, un amor que nos arropa y nos permite descansar en Él, aun cuando no sepamos lo que se nos viene por delante.

La invitación del Señor es muy clara en cuanto a qué debemos hacer:

> Por tanto, acerquémonos con confianza al trono de la gracia para que recibamos misericordia y hallemos gracia para la ayuda oportuna.
>
> Hebreos 4:16

Aquí encontramos lo que necesitamos para los momentos de aflicción.

> ¿A dónde te llevan tus pasos cuando estás en medio de la prueba?
> ¿Hacia dónde se inclina tu corazón?
> ¿Qué es lo que agarras primero, el teléfono para hablar con alguien o la Biblia para escuchar a Dios?

No es mi intención que te sientas cuestionada por tus acciones, sino que quisiera animarte a que puedas ver estas palabras como una invitación divina para recibir lo que realmente necesitas. Mientras el mundo nos enseña que en nuestras fuerzas podemos lidiar con todas las situaciones y ejercer ese sentido de autosuficiencia, la Biblia siempre nos llevará a buscar a Dios como nuestro socorro y nuestro auxilio en las dificultades.

El Señor nos anima a que nos acerquemos a Él con confianza, pero ¿qué significa esto para nuestras vidas cuando todo luce tan diferente? Es tener la certeza de que la presencia de Dios es real y, por tanto, podemos descansar en Él, es poder rendirnos ante Su grandeza, reconociendo nuestra debilidad. Dios es el único que está lleno de gracia y misericordia, aquel que es en sí mismo nuestro oportuno socorro. La verdad de que Dios es nuestro socorro nos ayuda a mantenernos de pie cuando estamos atravesando una gran dificultad y nuestros pasos no saben hacia dónde dirigirse.

Cada una de esas palabras fueron cobrando mayor entendimiento y fuerza en nuestras vidas en la medida en que transcurría el tiempo. Eso mismo sucede en nuestro caminar como creyentes cuando enfrentamos diferentes circunstancias. Las palabras tomadas de la Biblia que antes conocíamos de memoria, ahora se convierten en anclas seguras y fuertes a las cuales podemos aferrarnos cuando las barcas de nuestras vidas están siendo azotadas por los vientos de la aflicción.

Dios es fiel a Sus promesas, pero estas se dan en el contexto de una relación filial. Los hijos de Dios nos acercamos al Señor con confianza: «Porque es necesario que el que se acerca a Dios crea que Él existe, y que recompensa a los que lo buscan» (Heb. 11:6).

La forma de responder al dolor y la aflicción tiende a evidenciar si realmente tenemos una fe genuina puesta en el Señor o simplemente manifiesta que no teníamos una relación personal con Él. Esa respuesta podría demostrar que solo éramos meros simpatizantes que gustábamos de los beneficios de un ambiente cristiano, pero sin estar comprometidos con Su causa ni con Su verdad. Como resultado, los pasos y el corazón se encaminan en una dirección opuesta, en lugar de aceptar Su invitación de ir hacia Él en tiempos de necesidad y acercarse a ese lugar de refugio y consuelo que solo Él ofrece. El alma se encuentra totalmente sola y abandonada porque no hay peor lugar que estar lejos de la presencia del Señor.

Cuando lo inimaginable intercepte mi camino,
Permite Dios que mi alma descanse en
que tú sabes mi destino.
Cuando mi mente azotada esté como un torbellino
Que mi ser se rinda ante tu ser divino.

Capítulo 2

EN SU TIEMPO

Tus ojos vieron mi embrión,
Y en Tu libro se escribieron todos los días que me fueron dados,
Cuando no existía ni uno solo de ellos.

Salmo 139:16

Esa tarde Danilo estaba extraño, no se comunicaba muy bien, las ideas no eran claras y se demoraba al hablar. Era como si se estuviera apagando lentamente. Me asusté tanto que llamé al médico para que viniera a verlo. Luego de examinarlo, nos reunió a mis hijos y a mí en la sala y empezó a explicarnos que ese cuadro apuntaba a un coma hepático. Las palabras no parecían reales, no podíamos asimilar las explicaciones médicas, solo entendíamos que tenía poco tiempo.

Sin más que decir, mis hijos y yo nos levantamos de la sala, fuimos a la habitación y rodeamos la cama donde Danilo se encontraba postrado. Queríamos que supiera que estábamos allí con él, que no estaba solo. Con la voz entrecortada y lágrimas en los ojos, uno por uno fuimos expresando las que pensábamos que serían nuestras últimas palabras de despedida, palabras de gratitud. Reconocimos todo lo que había hecho por nosotros, recordamos la vida que nos había dado, algunas anécdotas y algunos momentos especiales. Luego empezamos a cantar la alabanza Ciudad de Dios:

> Hay un lugar al que mi alma anhela tanto por llegar,
> una ciudad donde hay descanso y gozo por la eternidad...

¡Cuánta verdad había en cada palabra de esa canción! Mientras la cantábamos, nos aferrábamos a esas verdades y las repetimos una y otra vez hasta que Danilo se quedó tranquilamente dormido. Como entendimos que la medicina no tenía más que decir ni hacer, lo dejamos tranquilo, sin más medicinas, sin más horarios que cumplir, sin tener que despertarlo a medianoche, solo lo dejamos descansar.

Lo que parecía el fin no era el tiempo del Señor. La mañana siguiente nos sorprendió con un Danilo lúcido, con ánimo y vida en sus ojos, totalmente diferente a la noche anterior. Aunque el panorama había sido desalentador, al Señor le plació que siguiera con nosotros un día más.

Habíamos tenido un día «activo» en el que pudo salir a dar su vuelta fuera de la habitación, pasear en la silla de ruedas por la sala y el comedor, e incluso quedarse sentado un rato más de lo habitual. Sin embargo, de repente su sueño de la tarde lucía diferente, demasiado tranquilo. No podía dejar de pensar en que el drenaje que tenía se veía demasiado rojo. Llamé al doctor y él indicó unas pruebas de laboratorio. Dos horas más tarde, estábamos nuevamente en el trajín de ingresarlo por emergencia, algo que habíamos hecho tanto en el último tiempo. Danilo tenía un sangrado interno y una hemoglobina tan baja que los médicos no podían creer todo lo que había hecho ese día. Si no hubiéramos hecho esos análisis, la verdad es que él no habría llegado al día siguiente.

Pero ese día tampoco era el tiempo del Señor. Luego de una noche de transfusiones y de una espera angustiosa, la mañana siguiente nos encontró con un Danilo con fuerzas renovadas y listo para seguir adelante.

Esa mañana lo visitaron sus médicos y mostraban optimismo porque Danilo estaba estable. Hasta se pusieron a hacer bromas por lo bien que había comido esos últimos días que había estado internado. Lo llenaron de palabras de ánimo porque al día siguiente se iba a casa. Esta sorpresiva recuperación nos hizo pensar que tal vez, solo tal vez, teníamos unos días más por delante; quién sabe, una sorpresa en el camino, una oración contestada, todo, menos lo que estaba por venir.

Cuando la ciencia médica quiso en más de una ocasión establecer el límite de sus días, Dios dijo en Su soberanía que no era el tiempo todavía. Cuando la medicina dijo: «Tienes más tiempo», Dios dijo que el tiempo había llegado. Al día siguiente, para sorpresa de todos, Danilo partiría para su casa, no la terrenal, sino su morada celestial y eterna. Partiría para reunirse con su Señor en el tiempo preciso que Dios había dispuesto.

Esa mañana, en lugar de hacer el tradicional ritual de recoger todo lo que había en la habitación para salir de la clínica una vez más, vimos que de repente la condición de su salud cambió. No era necesario que un médico me dijera lo que estaba pasando, porque era evidente que él se iba apagando lentamente frente a nuestros ojos. Podía reconocer ese proceso porque lo había vivido con mi mamá tan solo dos años antes. Debemos entender que la vida es un soplo y así mismo resultan sus últimos momentos. La vida se va apagando poco a poco mientras el cuerpo se va enfriando. No hay nada más que hacer, solo estar a su lado, un último toque, unas últimas palabras, un último beso, un último y definitivo adiós.

Nunca uno puede estar preparado para un momento así, pero descansábamos en la certeza de que Dios sabía que ese era su día y esa era la forma y el lugar donde partiría. De hecho, Dios sabía que una de mis preguntas sin respuesta era cuál era el mejor lugar para que Danilo partiera, si era la casa o la clínica. Tenía las emociones encontradas. Por un lado, quería que se sintiera en su hogar, en el lugar donde habíamos sido tan felices y que estaba lleno de recuerdos, pero también me estremecía pensar que la última imagen que tuvieran mis hijos de este proceso sería el de un ataúd saliendo de la casa. Eso hubiera sido tremendamente doloroso para ellos. Por otro lado, la clínica significaba tenerlo más días en un lugar frío y ajeno. ¿Qué pasaría si partía en la noche? ¡Mis hijos no podrían estar a su lado! Sin embargo, Dios fue muy bondadoso y todo sucedió de una forma y en la hora perfecta que solo Él hubiera podido orquestar. Permitió que todos pudiéramos estar a su lado aun en medio de la fría habitación de un hospital.

¿Cuántas veces decimos que nuestros días están en las manos del Señor cuando en realidad seguimos creyendo que los tenemos en nuestras manos? Las dudas pueden llegar a nuestra mente en el momento preciso y solamente Su Palabra eterna puede traer esperanza y paz cuando la vida de un ser amado parte de este mundo. Si Él tiene contado hasta el último de nuestros cabellos, algo tan insignificante para un Dios tan grande, ¡cuánto más el día en que se cumple nuestro tiempo y partimos a Su presencia! Esta verdad tiene mucho valor cuando las circunstancias que nos arrebatan a un ser querido son tan traumáticas como un accidente, una enfermedad inesperada o un evento fortuito para el que no estábamos preparados.

Los cristianos no podemos pensar que ese momento se escapó a la voluntad o al control soberano de Dios. El dolor no nos debe hacer perder la perspectiva de la soberanía divina que sigue actuando, aunque no la entendamos.

> Porque los ojos del Señor recorren toda la tierra para fortalecer a aquellos cuyo corazón es completamente Suyo.
>
> 2 Crónicas 16:9

Teníamos claro que el cáncer no se llevó a Danilo. No le daríamos una autoridad que no tenía la enfermedad. Por el contrario, fue un instrumento de Dios, una orquestación divina para hacer algo más allá de nosotros, pero el cáncer no le quitó la vida. Sus días siempre estuvieron en las manos de un Señor amoroso y bondadoso.

La vida y los años que se nos concedan tienen que cumplir con un propósito diseñado desde la eternidad pasada. Jeremías dice: «Porque Yo sé los planes que tengo para ustedes, declara el SEÑOR, planes de bienestar y no de calamidad, para darles un futuro y una esperanza» (Jer. 29:11). Dios le dice estas palabras a un pueblo que iba en camino al cautiverio y que vivía momentos sumamente difíciles. Sin embargo, les recuerda que Sus planes seguían siendo buenos. Esa misma provisión se aplica a nuestras vidas.

Muchas veces nos cuesta entender esta verdad, porque nosotros damos por sentado lo que es bueno, lo que es justo, lo que merecemos o no merecemos según nuestra perspectiva humana. La relación causa-efecto a la que estamos acostumbrados es suponer que cada acción buena implica necesariamente un resultado bueno. Así quisiéramos verlo en nuestras vidas, pero no es así como realmente funciona.

¿Cuántas vidas muy piadosas y justas encontramos en las páginas de la Biblia y en creyentes contemporáneos a los que no se les eximió de profundos dolores y pesares? La voluntad del Señor es buena, agradable y perfecta (Rom. 12:2), obra para que todas las circunstancias durante nuestro caminar sean un instrumento para acercarnos a Dios y también para que nuestras vidas reflejen un poco más la imagen del Señor Jesús.

El Señor usa esos procesos de poda conforme a Su voluntad para quitar aquello que no conviene a un hijo de Dios, para permitir que haya un mejor crecimiento con más fruto y para que se evidencie un carácter probado y maduro que bendiga a muchos y dé la gloria a Dios. La fe se fortalece en las pruebas como el oro se purifica en el fuego (Juan 15:2; 1 Ped. 1:6-7).

El dolor está ligado a la vida en esta tierra. Cuando nacemos llegamos en llanto y cuando partimos nos despedimos con lágrimas. Ambos puntos son una muestra de lo que será nuestro caminar por esta tierra, una realidad que es muy diferente a la vida eterna que tenemos prometida, donde no habrá llanto ni dolor:

> Él enjugará toda lágrima de sus ojos, y ya no habrá muerte, ni habrá más duelo, ni clamor, ni dolor, porque las primeras cosas han pasado.
>
> Apocalipsis 21:4

Es cierto que el tiempo puede parecer eterno cuando estamos en medio de la prueba, pero incluso cuando eso implique muchos años de vida, recordemos que ese período sigue siendo un breve tiempo a la luz de la eternidad que Dios nos tiene prometida.

Si Dios conoce nuestros días y no podemos afanarnos en añadirles ni un día más, entonces deberíamos vivirlos de modo que honremos al Señor, siendo como libros abiertos que dan testimonio de un Dios real y verdadero y entendiendo que cada aliento de vida es un regalo divino por el que deberíamos estar agradecidos y que debiera llevarnos a ser más sabios en nuestro caminar por esta tierra.

El entendimiento del cristiano de la soberanía de Dios sobre su vida y circunstancias debiera marcar su forma de vivir y llevarlo a ser más sabio, intencional y consciente de que su vida no se trata de él, sino de Dios. No se trata de cuántos años se nos concedan, sino de lo que hicimos con el tiempo que Dios nos concedió. Este es el llamado amoroso que Dios nos hace:

> Por tanto, tengan cuidado cómo andan; no como insensatos sino como sabios, aprovechando bien el tiempo, porque los días son malos.
>
> Efesios 5:15-16

Capítulo 3

CORAZONES VALIENTES

No temas, porque Yo estoy contigo;
no te desalientes, porque Yo soy tu Dios.
Te fortaleceré, ciertamente te ayudaré,
Sí, te sostendré con la diestra de Mi justicia.

Isaías 41:10

«Lo vamos a hacer», me dijeron muy temprano en la mañana, con voces temblorosas, pero con la certeza de su decisión. «¿Están seguras? Todos entenderían si no lo hacen», les repliqué. «No, hemos decidido que lo vamos a hacer», fue su respuesta. Fue una respuesta muy valiente.

Ese día mis hijas tenían la segunda jornada de la competencia bíblica en su grupo de jóvenes. Ambas se habían preparado mucho para representar a sus equipos, pero la noche anterior les habíamos dado la noticia de que la biopsia había resultado positiva (un término muy irónico porque «positiva», en este caso, es algo malo) y su papá había sido diagnosticado con cáncer de páncreas en una etapa muy avanzada. Fue una noche de muchas emociones y mucho llanto. Todos nos fuimos a acostar con lágrimas en los ojos y muchas preguntas e inquietudes en la cabeza. A pesar de todo lo vivido, a la mañana siguiente decidieron que seguirían en la competencia. En mi corazón sabía que lo que las motivaba a continuar era amor por su papá y por eso iban a dejar a un lado su dolor y sus sentimientos para concentrarse en dar lo mejor por él.

Fuimos todos a la reunión, cabizbajos, unidos, nos sentamos un poco distantes, como queriendo pasar inadvertidos para no tener que saludar mucho y no dar explicaciones, pero al mismo tiempo lo suficientemente cerca para poder ser parte de ese momento y darles el apoyo que necesitaban. En medio de nuestra tristeza y del dolor físico que Danilo experimentaba por tener que permanecer sentado, disfrutamos de las ocurrencias de los jóvenes, reímos con los comentarios jocosos y nos hicieron pensar los comentarios profundos de los jueces. Sin embargo, ver a mis hijas de lejos me hacía imaginar la lucha tan intensa que estaban teniendo en sus mentes y sus corazones en esos momentos. No podía dejar de pensar en cómo podían concentrarse en sus respuestas y en lo que tenían que hacer. Se mantenían con la frente en alto, con valentía, aunque sin saber realmente que esa sería la última ocasión en que estaríamos todos celebrando un momento juntos. ¡Cuántas veces habíamos disfrutado como familia esas competencias bíblicas! Desde las épocas del ministerio para niños OANSA a las Competencias Bíblicas Intercolegiales, hasta ese día en que con valentía y determinación decidieron negarse a ellas mismas y nos permitieron disfrutar por última vez un momento tan significativo para nosotros. Un homenaje a su papá.

La vida está llena de momentos que nos demandan ser valientes y algunas circunstancias nos impulsan a serlo porque los que nos rodean lo requieren. Estar firmes por amor al más débil, mantenernos de pie para sostener al caído, ver la necesidad del otro antes que la propia, perseverar por amor a una causa mayor a mi sufrimiento, todas esas son circunstancias que van más allá de uno mismo. Esta valentía no está determinada por una fortaleza física o emocional, sino por la razón de su confianza, que para el creyente es el Señor mismo. El salmista lo sabía muy bien y por eso muchas son las veces en que declara su confianza en Dios:

Diré yo al SEÑOR:
«Refugio mío y fortaleza mía,
Mi Dios, en quien confío».
(Sal. 91:2)

La persona que pone su confianza en Dios puede hacer cosas que van más allá de sus posibilidades humanas.

LO DÉBIL EN LAS MANOS DE DIOS

La vida de Ester es un ejemplo de lo que acabo de decir. El relato bíblico nos presenta a una muchacha joven, huérfana y extranjera (características que ahora compartirían mis hijas). Carecía de recursos económicos, era parte de un pueblo que no gozaba de la simpatía de uno de los hombres más importantes del reino, pero que, por orquestación divina, llegó a ser elegida esposa de un rey impío y poderoso. Su elección fue a través de una costumbre de esos tiempos: un concurso de belleza. Sin embargo, su fortaleza no estaba en su belleza exterior o en su apariencia, sino en la fe y las convicciones que tenía en su corazón. Ella había sido enseñada desde joven en los caminos de Dios y sus creencias serían en su momento puestas a prueba.

Ella fue informada del decreto que se había promulgado para exterminar a su pueblo. Como es natural, el temor vino a su corazón y su primera respuesta fue humana. La ley decía que sería ejecutada si se presentaba ante el rey sin que la hubiera mandado a llamar. Ella lo sabía y su primera reacción no fue exponerse al peligro. Sin embargo, la sabia reflexión de su tío le hizo ver que, si callaba, la muerte igual estaría presente. El haber entendido que la razón por la cual Dios había permitido que fuera elegida reina tenía un fin más allá de ella misma, la llevó a decir con valentía: «Y así iré al rey, lo cual no es conforme a la ley; y si perezco, perezco» (Est. 4:16b). Dadas sus circunstancias, esa afirmación literalmente significaba la posibilidad cierta de perder la vida.

Es muy posible que todos nosotros nunca nos encontremos ante una decisión que implique poner en peligro nuestra propia vida. Nuestros hermanos en Medio Oriente todavía siguen tomando decisiones por su fe que sí implican el riesgo de perder la vida, la familia y el bienestar económico. Sin embargo, en nuestro lado del mundo, las libertades religiosas que todavía gozamos no nos llevan a estar en la encrucijada de que al escoger lo correcto ponemos en peligro la vida misma. Quizás se ponga en juego permanecer en el trabajo, aspirar a una mejor posición laboral, tener que cambiar a los hijos de colegio o no poder irse a vivir a esa zona que tanto anhelábamos. Sin embargo, aun así debemos ser cristianos valientes, dispuestos a luchar por la verdad revelada por Dios hasta la muerte, pero no la muerte física, sino la muerte de esa vieja naturaleza que todavía nos domina de deseos y anhelos que muchas veces son ajenos a los propósitos de Dios y se enfocan en un disfrute muy mundano y perecedero.

La primera lucha de Ester no fue contra aquellos que maquinaron ese decreto maligno, sino que su primer campo de batalla era en su mente y corazón, el lugar donde todos enfrentamos nuestras batallas. Su primera reacción no fue impetuosa, tampoco corrió de inmediato donde el rey para presentar su queja. Su primera reacción fue de temor. Ella no esperaba verse en el centro de una situación como la que estaba por venir, teniendo que cumplir una misión que le podía costar la vida y de la cual dependían las vidas de todo un pueblo. Quizás, incluso, internamente atesoró la idea de que sus años difíciles ya eran un asunto del pasado y ahora podría disfrutar de muchos beneficios y privilegios de su posición como reina.

Cualquiera hubiera pensado de la misma forma y hubiera reaccionado con el mismo miedo ante esa situación dramática. No está mal sentir temor cuando nos vemos envueltos en situaciones peligrosas, súbitas e incomprensibles. Sin embargo, lo que determinará que actuemos correctamente serán las decisiones que tomemos después de esa primera reacción. Ester decidió confiar en Dios y reconocer su dependencia de Él, pero no lo haría sola. Por eso pidió que todo el pueblo la apoyara en oración y ayuno antes de presentarse al rey.

El ejemplo de Ester nos presenta claramente cómo Dios decide moldear el carácter de Sus hijos a través de circunstancias difíciles que tienen que enfrentar.

El proceso del duelo también estará marcado por muchas dudas e inseguridades ante ese futuro incierto que ahora se presenta por delante. Esa realidad causa mucho temor y la mente se llena de pensamientos que alimentan esos miedos y desvían nuestros pensamientos. Pero el Señor ha prometido no abandonar a los que lo buscan:

> En ti pondrán su confianza los que conocen Tu nombre,
> Porque Tú, oh, Señor, no abandonas a los que te buscan.
>
> Salmo 9:10

La vida cristiana que impacta es aquella que, a pesar de su debilidad, se deja usar por un Dios todopoderoso que transforma lo débil en fuerte, lo inútil en útil y lo desconocido en conocido. La vida de Gedeón también es un ejemplo de esa realidad espiritual. Cuando Dios lo llama, lo hace desde su perspectiva divina: «El Señor está contigo, valiente guerrero» (Jue. 6:12). Solo un Dios que lo sabe todo podía referirse a él de esa forma. El pueblo de Israel llevaba siete años escondiéndose del azote producido por los constantes ataques de los madianitas. Lo último que pensaba Gedeón de sí mismo es que era un guerrero y un valiente, pero Dios tenía planes con él y lo iba a usar como libertador de Su pueblo. Sus circunstancias eran difíciles, pero la soberanía de Dios las había producido y el Señor mismo los había entregado en manos de los madianitas porque hicieron lo malo ante los ojos del Señor (Jue. 6:1).

Suele suceder que la perspectiva humana sea muy diferente a la de Dios. Gedeón se excusa ante ese llamado divino, escudándose en su realidad humana al afirmar que era de la familia más pobre y el menor de su casa (Jue. 6:15), pero Dios le afirma con absoluta claridad que estará con él. ¿No es esa la dinámica que vemos en cada situación difícil que atravesamos? Nosotros también nos enfocamos en lo que nos rodea, en las limitaciones naturales, los impedimentos, nuestras debilidades, pero Dios nos asegura Su presencia y Su obrar en nuestras vidas a través de formas que no conocemos. Lo hizo en el Antiguo Testamento y Jesús hace la misma afirmación en el Nuevo Testamento: «estoy con ustedes todos los días, hasta el fin del mundo» (Mat. 28:20). Su presencia va más allá de un simple beneficio o cuidado personal y se extiende hasta usarnos para alcanzar a bendecir a muchos.

Cuando Gedeón logró reconocer que Dios iba con él, cuando pudo rendir sus miedos e inseguridades, fue usado para llevar a cabo algo que humanamente no tenía lógica. Con tan solo 300 hombres, pudo derrotar a miles de sus enemigos y permitirle a Israel cuarenta años de descanso. La forma como Dios obra va más allá de lo que podamos entender o planear. Dios le dio nuevas estrategias a Gedeón para enfrentar a un ejército tan numeroso y así, por medio de sus debilidades, toda la honra de esa victoria fue para el Señor. Esa misma presencia y dirección divina misericordiosa suceden mientras se atraviesan las montañas de un proceso de duelo. Dios dará la salida a su debido tiempo a todo aquello que luzca inalcanzable a nuestros ojos.

Dios se hace visible en los momentos imposibles: sana en el dolor, provee en la escasez, fortalece en la debilidad, alumbra en la oscuridad, liberta en la opresión. En algún momento de nuestras vidas todos pasaremos por alguna o tal vez por todas esas etapas y es mi oración que Dios nos conceda que nunca perdamos Su perspectiva en medio de nuestra realidad. Mi esperanza es que nos permita evidenciar un carácter valiente para que las decisiones y acciones que tomemos en los momentos difíciles realmente reflejen que caminamos de la mano de Dios.

SOLO PARA SU GLORIA

Hay otros ejemplos en la Biblia en que el ser humano se excusa en su debilidad y sus limitaciones para no actuar conforme a los propósitos del Señor, pero Dios promete Su accionar con alcances que no se llegan a ver desde la perspectiva humana. Sin embargo, es necesario aclarar que ninguno de esos casos es para que la figura humana esté en el centro, sino para que podamos poner nuestros ojos en Aquel que está sentado en el trono gobernando el universo y sostiene nuestras vidas. Aunque muchas veces nos quejemos de que la tarea es demasiado grande o pesada, debemos confiar en que Dios tiene cada detalle en Sus manos y nada estará fuera de Su consideración.

A las mujeres viudas se les presenta una nueva realidad inesperada. Se convierten en cabezas de una familia con todas las responsabilidades que eso implica, algunas conocidas, otras por conocer. Es muy posible que nunca hubieran pensado que tantas situaciones tendrían que pasar por sus manos.

¿Podrá hacerlo?
¿Tendrá las fuerzas o las habilidades?

Los personajes en los relatos bíblicos que entendieron que fueron personas con dudas y luchas nos alientan, porque vemos cómo el mismo Dios que obró en ellos también obrará en nosotras y nuestras circunstancias. Las batallas y las luchas físicas que enfrentó el pueblo de Dios son para nosotros las batallas que se libran en nuestra mente y que también debemos vencer con la verdad de las Escrituras. Las advertencias a mantenerse fieles a Dios para seguir disfrutando de Su presencia y bondad son las mismas que el Señor nos demanda a nosotros en este tiempo. Mi oración es que nuestros corazones nunca dejen de confiar en la bondad de Dios y anhelen poder contemplar Su poder.

Lo primero que se nos viene a la mente cuando pensamos en Moisés tal vez sea su gran liderazgo frente a un pueblo tan difícil. Pero no debemos olvidar las luchas, los obstáculos que tuvo que enfrentar delante de Dios para cumplir con ese llamado. ¿Qué fue lo que Dios reveló de sí mismo en el llamado a Moisés que puede ser de aliento para nosotras en este tiempo?

Su poder. Dios se presentó en medio de una zarza ardiendo (Ex. 3:2). Se trataba de un fenómeno extraordinario que solo podía venir de un Dios extraordinario. Así no hubiera habido ningún diálogo, solo esta acción revelaba que algo muy grande estaba ocurriendo.

Su autoridad. Dios llamó: «¡Moisés, Moisés! Y él respondió: Aquí estoy» (Ex. 3:4). Dios conoce el tiempo del llamado para salvación para cada uno de Sus hijos, también el llamado a Su servicio, así como el llamado a Su presencia cuando se ha terminado la carrera. Todo dentro de Su orquestación y sabiduría divinas.

Su santidad. Moisés no podía establecer sus propias condiciones para acercarse a Dios. Fue Dios quien lo llamó bajo condiciones divinas: «Quítate las sandalias de los pies, porque el lugar donde estás parado es tierra santa» (Ex.

3:5). Rendirse ante los planes de Dios implica hacer a un lado nuestra forma de vivir y de pensar para aprender a hacerlo a la manera de Dios. ¿De cuántas cosas necesitamos despojarnos y que consideramos normales, pero que ofenden a la santidad de nuestro Dios? Pueden ser formas de hablar, de reaccionar, de usar nuestros recursos; todo en nuestras vidas debe reflejar que hemos sido apartados para Dios. Otro ejemplo es pensar que el valor que se les daba a los utensilios en el templo no estaba en ellos mismos, sino en el motivo por el cual eran separados, que era estar para servir a Dios. Así también debe ser con nosotros, porque nuestro valor radica en que le pertenecemos a un Dios santo que nos usará conforme a Su voluntad.

Su cercanía. «Yo soy el Dios de tu padre, el Dios de Abraham, el Dios de Isaac y el Dios de Jacob» (Ex. 3:6). Dios no quiere que lo veamos como alguien distante o ajeno. Por el contrario, para que podamos hacer lo que Él nos llama a hacer, debemos verlo dentro de una relación personal que Él establece con nosotros. No importa cuánto conozcamos sobre Dios, cuántas prédicas hayamos oído, cuántos libros hayamos leído o de cuántas conferencias hayamos participado, si no vemos Su mano en la orquestación de cada detalle de nuestras vidas, si no creemos que nuestras vidas tienen planes y propósitos divinos, entonces cuando vengan las dificultades y las tormentas no podremos descubrir que Dios mismo está a nuestro lado.

Su compasión. «Ciertamente he visto la aflicción de Mi pueblo que está en Egipto, y he escuchado su clamor a causa de sus capataces, pues estoy consciente de sus sufrimientos» (Ex. 3:7). El Dios que todo lo ve conoce muy bien todas nuestras circunstancias. Aunque a veces quisiéramos decir o pensar que Dios nos ha olvidado porque lo que estamos viviendo es muy difícil, no lo entendemos y no le encontramos ninguna lógica o salida, nuestra forma limitada de ver la realidad nos hace olvidar que si tan solo Dios pestañeara y nos perdiera de vista una milésima de segundo, nuestras vidas y todo el universo se vendrían abajo. Él ve, Él oye, Él actúa porque Su misericordia no se ha apartado de Sus hijos.

Su respuesta. «Así que he descendido para librarlos de mano de los egipcios, y para sacarlos de aquella tierra a una tierra buena y espaciosa, a una tierra que mana leche y miel...» (Ex. 3:8). Dios mismo decide actuar y se acerca a los israelitas con un plan que cumplirá en Su poder. Eso implicaba que no dejaría a Su pueblo en las mismas circunstancias, sino que tenía grandes planes para ellos. En este caso, era la libertad de la esclavitud con provisión de una tierra productiva, pero lo mismo sucede con nosotros en este tiempo: Dios está cerca para cambiar nuestras circunstancias, porque es lo que Él hace, cambia la luz en tinieblas, el llanto en gozo, la sequedad en verdor, sana el dolor del alma angustiada y trae esperanza al que no tiene ninguna. Dios desciende para librarnos de aquello que nos esclaviza y nos permite conocer una nueva realidad.

Puede que pienses que tus circunstancias son muy insignificantes en comparación con estos grandes ejemplos que encontramos en la Biblia, pero el propósito de recordarlos no es por la gran misión que ellos tenían, sino por el gran Dios que los sostenía. La mayoría de los creyentes no tendremos experiencias espectaculares o un alcance masivo dentro del ambiente cristiano. Incluso en muchos aspectos, nuestras vidas pueden pasar inadvertidas delante de otras personas, pero no ante los ojos del Señor, quien se deleita con la fidelidad del más pequeño de Sus hijos que vive de acuerdo con Su llamado. Recuerda que Dios te hace las mismas demandas, te ofrece las mismas promesas y tiene el poder para llevarlas a cabo y transformarte en el proceso.

Al finalizar este capítulo, quisiera que pudieras ver que el duelo y la pérdida son herramientas que el Señor usa para acercarte más hacia Él y puede sorprenderte con un mayor entendimiento de Su carácter. Tu vida y tu dolor pueden ser un testimonio vivo de la fidelidad de Dios, porque estamos en un mundo invadido por el temor, la incertidumbre y la falta de valores. Por lo tanto, la perseverancia de los creyentes en medio de la adversidad entrega una perspectiva diferente de la vida que le da la gloria a Dios.

Capítulo 4

PEQUEÑAS GRANDES COSAS

Bendeciré al Señor en todo tiempo;
Continuamente estará Su alabanza en mi boca.

Salmo 34:1

«Dame un poco más, que está rico», me dijo con ojos contentos mientras miraba el desayuno que tenía en la bandeja y añadía: «y un poco de esto y un poco de aquello». Era la primera vez en todo este proceso de deterioro de su salud en que disfrutaba de la comida y pedía más. Entre la emoción y el temor de que algo pudiera caerle mal, le seguía dando lo que me pedía mientras le preguntaba: «¿Estás seguro?». Habíamos llegado al punto en que todo, aun cosas tan pequeñas y triviales como estos gustos, tomaban una dimensión distinta. Aprendimos a valorar detalles que antes dábamos por sentado y no eran causa de asombro o regocijo. Por ejemplo, nos gozábamos en que pudiera moverse, aunque fuera con ayuda; estar de pie, sin temor a caerse; sentir el calor del sol en el rostro; poder ver la ciudad fuera de las cuatro paredes de una habitación; tener la capacidad de sentir un sabor agradable, aunque solo fueran dos cucharadas; disfrutar del agua tibia bañando su cuerpo tan maltratado. Todo se convertía en una algarabía y en un motivo de celebración y acción de gracias. Se trataba de una reacción solo comprensible para aquellos que ya habíamos perdido muchas cosas que antes dábamos completamente por sentado.

Esos pequeños detalles nos llevaron a considerar lo simple que puede resultar la existencia. Algo tan básico como dormir bien o poder comer era en realidad una gran bendición y motivo de celebración. ¡Cuántas veces uno mismo en el transcurso de la vida pierde el tiempo exigiendo cosas sin darse cuenta de la provisión y el cuidado diario de Dios en los detalles del día a día! Tuvimos que renunciar a muchas cosas que dábamos por sentado y ajustarnos a esa nueva realidad que teníamos en el momento. Si no hubiéramos decidido vivir así, esos breves meses que se nos concedieron con Danilo no tendrían recuerdos agradables, pero los tenemos porque reímos, cantamos y crecimos individualmente y como familia.

Dios nos concedió uno de esos momentos inolvidables durante una de las últimas estadías de Danilo en la casa. Era una noche difícil en la que el dolor, las medicinas y el malestar no le permitían hallar una posición para descansar, y eso hacía que la noche se hiciera larga y tortuosa. Aunque anheláramos ver el amanecer, sabíamos que la lucha seguiría allí con la luz del día. Entonces, en un momento, me rodeó con sus brazos mientras estaba de pie, pero no era el abrazo con el que se sostenía para que pudiera moverse o evitar que se cayera. No se trataba de un abrazo necesario en mi rol de enfermera que velaba por él como enfermo. No, nos abrazamos simplemente como esposos. Y así, en la cercanía e intimidad que permite un abrazo, pude derramar mis lágrimas al sentir su protección y cuidado como mi esposo por última vez. Este proceso tenía mucho tiempo y, desde su inicio, no había podido darme el lujo de ser frágil o mostrarme vulnerable porque las circunstancias demandaban que actuara con valentía y firmeza, aunque por dentro me estuviera derrumbando. Dios fue sumamente misericordioso al concedernos esa noche un breve tiempo hermoso y cercano para recordarnos lo que éramos el uno para el otro.

Tendemos a olvidar muy fácilmente que nuestras vidas están formadas por pequeños y constantes detalles. Es posible que no lo hayas pensado antes, pero la calidad de una fotografía no está determinada por la imagen misma, sino por la cantidad de pixeles que le dan claridad a esa imagen. Nunca percibiremos la importancia de cada pixel hasta que queramos una imagen más nítida. Así también empezamos a percibir y valorar los detalles más pequeños solo cuando van desapareciendo y la imagen de nuestra vida se va volviendo más borrosa ante su ausencia.

Y lo mismo puede pasar en nuestro caminar. Los cristianos también solemos estar tan acostumbrados a tener todo a nuestro alcance, que no solo hemos dejado de asombrarnos por las misericordias y bondades de Dios reflejadas cada día en nuestras vidas, la de los demás y en la naturaleza, sino que también hemos permitido que un espíritu de insatisfacción y demanda crezca en nuestro interior. La ingratitud trae consigo la amargura cuando no tenemos todo lo que quisiéramos. En lugar de mirar más a Dios y encontrar satisfacción en Sus promesas y Sus bondades, miramos lo que el mundo ofrece falsamente con engaños: brillo, risas, abundancia, belleza, felicidad, prosperidad. ¿De verdad es así? Vivimos en una sociedad que usa todos los medios visuales o auditivos posibles para cautivarnos y hacernos anhelar una realidad que es pasajera y muchas veces falsa. El fruto del Edén sigue mostrándose ante nuestros ojos y busca cautivarnos con el engaño de que al tomarlo estaremos completos y no necesitaremos a Dios.

«El cielo y la tierra pasarán, pero Mis palabras no pasarán» (Mat. 24:35). Jesús dijo estas palabras para recordarnos qué va a permanecer cuando todo lo conocido deje de existir. ¡Cuánto bien haría a nuestras almas si viviéramos de esta forma! Si nuestros corazones estuvieran menos apegados a los ofrecimientos de este mundo, sin darse cuenta de que pueden pasarse la vida luchando por alcanzar cosas efímeras, anhelando algo sin valor que pueda darle sentido a la existencia. Sin embargo, Pedro nos recuerda que Dios ya nos ha dado todo lo que de verdad necesitamos:

> Pues Su divino poder nos ha concedido todo cuanto concierne a la vida y a la piedad, mediante el verdadero conocimiento de Aquel que nos llamó por Su gloria y excelencia.
>
> 2 Pedro 1:3

El Señor mismo nos recuerda el valor de una vida fiel en las cosas pequeñas, pero ¿cómo ser fiel a algo a lo que no le he dado el valor necesario? ¿Cómo considerar lo que es importante si no lo veo con los ojos de Dios? Cada situación en nuestras vidas tiene como propósito asemejarnos más al carácter de nuestro Señor Jesús. Nosotros no llegaremos a reflejar un carácter maduro o superar una prueba mayor con gracia si es que no mostramos fidelidad y gratitud cuando nos enfrentamos a los pequeños obstáculos y dificultades que se encuentran en nuestro camino.

La mayoría admiramos a un hermano que evidencia mucho del Señor con sus palabras y acciones, que manifiesta su cristianismo en la forma en la que maneja sus temas familiares. Sin embargo, olvidamos el trato que el Señor tuvo que darle a través de las pequeñas o grandes circunstancias que le permitieron alcanzar ese crecimiento espiritual. La madurez espiritual que se espera en un hijo de Dios viene de pasos constantes y continuos, no de brincos sin sentido.

Jesús muestra en la parábola de los talentos que alaba a los dos que hicieron prosperar los talentos que habían recibido porque habían sido fieles en lo poco y eso no pasó inadvertido (Mat. 25:21, 23).

Bien siervo bueno y fiel, en lo poco fuiste fiel, sobre mucho te pondré, entra en el gozo de tu Señor.

Mateo 25:21

Todos tenemos una encomienda de parte del Señor y todos rendiremos cuentas de aquello que ha puesto en nuestras manos, de la forma en que usamos las situaciones que vinieron a nuestras vidas de parte de Dios. Entre esas circunstancias difíciles está la muerte de un ser querido, porque cambia la perspectiva de la vida en muchos sentidos. A pesar del enorme dolor que trae consigo, es también una oportunidad para poner las cosas de tu vida en el orden correcto y considerar aquello que realmente tiene valor, aquello que no pasa, y dejar de lado aquello que te distraía y te impedía avanzar en la carrera que los creyentes estamos llamados a correr.

La pérdida de un ser querido puede significar dar un paso atrás para reevaluar metas y planes. También puede ser un recordatorio (porque no es algo que no sabemos) de que el Señor es quien tiene el control de la vida y las circunstancias. Además, puede darnos un sentido de urgencia para hacer lo correcto en el tiempo que nos encontremos viviendo, para cuidar de aquellos a quienes amamos y siguen a nuestro lado, para honrar las promesas que hicimos, para que, al final, el Señor también diga que fuimos Sus siervos fieles.

Capítulo 5

UN AMOR TAN PRÁCTICO

Y este mandamiento tenemos de Él: que el que ama a Dios, ame también a su hermano.

1 Juan 4:21

Era la llamada de un número desconocido. Sin embargo, las palabras que escuché ya me resultaban familiares: «Hermana, le traje la comida». Éramos testigos y receptores inmerecedores una vez más del amor de los hermanos (a muchos ni siquiera los reconocía en la llamada), quienes por más de dos meses decidieron traer comida hasta nuestra casa, no una, sino hasta dos veces al día. Traían compras del supermercado para que no nos faltara nada (de hecho, mi nevera nunca había estado tan abastecida), y hasta traían flores porque esa hermana sabía que ese detalle alegraba mi corazón en medio del dolor.

Para nosotros era como haber sido invitados a comer fuera por más de dos meses. Aunque cada una de las personas que nos ayudaban decía no estar haciendo mucho, ciertamente sus obras fueron grandes. No solo me quitaban la carga de tener que pensar en la comida o qué tendríamos para comer cuando llegáramos a casa al final de un día agotador, no solo me descargaban económicamente de esos gastos sino que, aunque no lo sabían, su bondad fue mayor para con Danilo porque algunos de los efectos secundarios que le producían los medicamentos que estaba tomando eran intolerancia a cualquier olor a comida que lo indisponía o le causaba vómitos. La bondad de Dios se manifestó y pudimos evitarle muchos de esos malos momentos solo por el hecho de que hermanos amados decidieron mostrar un amor tan práctico hacia nosotros trayendo el alimento diario.

El amor en la vida de una comunidad de creyentes no se escribe con palabras, sino con hechos:

> Hijos, no amemos de palabra ni de lengua, sino de hecho y en verdad.
>
> 1 Juan 3:18

Juan nos muestra que no es posible amar solo con las palabras, aunque lo que digamos pueda ser muy elocuente. Por el contrario, nos anima a amar con acciones que evidencien el afecto. Solo así se puede decir que se está amando en verdad. La realidad es que cuando uno atraviesa situaciones tan adversas de necesidad o de dolor, las palabras pierden su fuerza frente a las acciones realizadas con amor.

¿Qué nos transmitían las acciones de esos hermanos? Era más que solo alimento material que se traía a nuestra casa, era mucho más que un «delivery». Ellos habían dedicado tiempo para elaborar esas comidas, habían prestado atención a los detalles, no solo en el tipo de alimentos, sino hasta en el empaque. También se habían organizado para que hubiera un orden entre todos los que se ofrecieron como voluntarios. Considerar todos estos aspectos realizados con tanto amor nos sostuvo en su momento. El tiempo de la enfermedad de Danilo fue breve, pero intenso. Prácticamente, vivimos entre las cuatro paredes de una habitación del hospital o de la casa, y por eso no pudimos tener contacto con muchos de esos hermanos. Pero su apoyo y su presencia amorosa se sentían cada vez que teníamos que comer. Podemos decir que vivimos sin merecerlo la aplicación de las palabras de Pablo: «no mirando cada uno por lo suyo propio, sino cada cual también por lo de los otros» (Fil. 2:4, RVR60). Habían decidido hacer a un lado sus necesidades para ofrendarnos de su tiempo y sus recursos. Estoy segura de que esa fue una ofrenda grata delante de los ojos de Dios.

NUESTRO EJEMPLO

Los creyentes tenemos el mayor ejemplo en Dios mismo. Él pudo mostrar de muchas formas Su amor por nosotros o el plan de redención para una humanidad perdida, pero lo mostró haciendo algo:

> Porque de tal manera amó Dios al mundo, que dio a Su Hijo Unigénito, para que todo aquel que cree en Él, no se pierda, sino que tenga vida eterna.
>
> Juan 3:16

¿Qué nos enseña este versículo sobre Jesús? Él no se aferró a Su condición divina, sino que vino como hombre, en condición de siervo y se puso a nuestro nivel para obrar a nuestro favor y para que podamos exaltarlo por Su obra redentora (Fil. 2:6-11). Los cristianos imitamos ese amor desinteresado y por eso la Biblia dice tan sabiamente que el mundo nos conocerá por el amor que nos tenemos unos a otros. Se trata de un amor que no nace en uno, sino que uno se convierte en el instrumento que muestra ese amor.

Las noticias diarias de la sociedad en que vivimos son un reflejo de la decadencia moral del ser humano y nos presentan situaciones que resultan incomprensibles aun para el que no conoce a Dios. El deseo de poder y superioridad hace que no haya consideraciones con el otro, pero eso es completamente opuesto a lo que dice el Señor Jesucristo:

> En esto conocerán todos que son Mis discípulos, si se tienen amor los unos a los otros. (Juan 13:35)

Esa realidad de amor evidente es una marca innegable de que hay algo diferente en la vida de los cristianos. Ese testimonio lo vemos reflejado en los hermanos de la iglesia del primer siglo, quienes mostraron un cuidado los unos por los otros, por ejemplo, en el área económica, espiritual o emocional. Lo que ellos abrazaron con las enseñanzas del evangelio de la cruz se reflejaba en su vida de comunidad.

Esas instrucciones de Jesús no están dadas para los incrédulos, sino para los creyentes. Tanto Juan como Santiago nos plantean dos situaciones que revelan que no puede haber una discrepancia entre lo que creemos y lo que hacemos:

> Si un hermano o una hermana no tienen ropa y carecen del sustento diario, y uno de ustedes les dice: «Vayan en paz, caliéntense y sáciense», pero no les dan lo necesario para su cuerpo, ¿de qué sirve?
>
> Santiago 2:15-16

¡La pregunta de Santiago es tan directa y fuerte, y cuántos paradigmas rompe con esas pocas palabras! Existe una percepción equivocada que hace pensar que el cristiano no puede tener necesidades materiales. Este malentendido ha llevado a falsas doctrinas, pero es importante aclarar que el tener fe en el Señor y esperanza en un futuro eterno no nos exime de las luchas y dificultades que toda persona pasa en esta vida, aunque para algunos sea una realidad más dura que para otros. La carencia en algunos casos de las necesidades básicas no es igual a pecado o incredulidad, sino que podríamos percibirlo hasta como una oportunidad para evidenciar nuestra fe y misericordia al hermano.

Cómo suplamos la necesidad del prójimo no es solo una cuestión de buenas acciones, sino un asunto de fe, de poner en práctica lo que creemos. Santiago no se va muy lejos cuando trata de ejemplificar la importancia de las obras para mostrar una fe viva. No plantea situaciones lejanas o incomprensibles para los que leyeran esa carta, sino que presenta un ejemplo dentro de la misma iglesia que estaba siendo mal manejada. ¿Cuál era esa realidad? La necesidad material de un hermano pobre de cosas tan básicas como sustento y abrigo, y la falsa espiritualidad con la que era abordada esta situación. No se trataba de la incapacidad de ver lo que el otro necesitaba, sino la incapacidad de actuar de forma práctica y extender la mano para satisfacer la necesidad.

Las carencias y las necesidades evidentes entre los cristianos en la iglesia pueden ser muy diversas, desde las necesidades más sencillas y visibles hasta aquellas que son privadas y no tan evidentes a los ojos, pero que un corazón sensible es capaz de percibir. Esas son, por ejemplo, las necesidades emocionales que muchos enfrentamos y que por determinadas circunstancias se incrementan.

Las pérdidas de seres amados son de esas situaciones que hacen que una persona se sienta más necesitada, pero ¿necesitada de qué? Necesitada de comprensión, de acompañamiento silencioso, de palabras genuinas, de un hombro en el cual llorar sin sentirse juzgado, de alguien que conoce tu debilidad y decide sostenerte sin esperar nada a cambio. A fin de cuentas, es la necesidad de consuelo que viene por la compañía de los hermanos. Nadie debería transitar por momentos tan dolorosos en soledad. Es cierto que solo Dios es el único que puede llenar ese vacío del corazón, responder esas preguntas del alma, calmar esas inquietudes que quedan en los pensamientos, pero Él también sabe que estamos diseñados para relacionarnos como un cuerpo, para dolernos con el que se duele y alegrarnos con el que se alegra:

> Si un miembro sufre, todos los miembros sufren con él; y si un miembro es honrado, todos los miembros se regocijan con él.
>
> 1 Corintios 12:26

El sufrimiento y el regocijo producen emociones que Dios puso en nosotros y, por lo tanto, habrá momentos particulares para expresarlas. Me pregunto, ¿entendemos qué significa sufrir con el que sufre?

En el libro de Job también encontramos otro ejemplo que nos puede dar mayor luz sobre lo que podemos hacer por una persona que está atravesando una pérdida. La mayoría de nosotros solo recordamos que sus amigos fueron a verlo para acusarlo y causarle mayor dolor del que ya estaba atravesando. Sin embargo, si prestamos atención al momento en que llegaron a ver a Job, encontraremos que hubo al principio una actitud diferente:

> Cuando tres amigos de Job, Elifaz, el temanita, Bildad, el suhita y Zofar, el naamatita, oyeron de todo este mal que había venido sobre él, vinieron cada uno de su lugar, pues se habían puesto de acuerdo para ir juntos a condolerse de él y a consolarlo. Y cuando alzaron los ojos desde lejos y no lo reconocieron, levantaron sus voces y lloraron. Cada uno de ellos rasgó su manto y esparcieron polvo hacia el cielo sobre sus cabezas. Entonces se sentaron en el suelo con él por siete días y siete noches sin que nadie le dijera una palabra, porque veían que *su* dolor era muy grande.
>
> Job 2:11-13

He leído estos versos muchas veces sin que mi entendimiento y mi corazón estuvieran presentes, solo como una simple lectura de una historia muy conocida, pero sin ser consciente de que son acontecimientos de personas reales. Pero una noche los vi como nunca antes, y literalmente saltaron de mi Biblia y cautivaron profundamente mi corazón. Pude sentir y entender lo que antes no había visto, porque descubrí a los amigos que sinceramente estaban presentes con Job en ese momento de gran aflicción.

Hay muchas cosas que llaman la atención ante la situación tan desgarradora que estaba pasando Job. Lo primero que vemos es que la respuesta inmediata viene de su grupo cercano de amigos. No era un grupo grande, no eran desconocidos, sino que llegaron aquellos que compartían con él y con los que seguramente habría pasado muchos momentos en la vida. Fueron sus amigos cercanos los que fueron a ver a Job en cuanto se enteraron de sus tragedias, aunque eso podría haber implicado el traslado desde una distancia considerable en tiempos en que viajar no era tan fácil ni seguro. Vemos una expresión genuina de amistad reflejada en acción.

Estos amigos, según los estudiosos, podrían haber sido tres jefes de regiones orientales bastante lejanas. Aunque no sabemos cuánto les tomó enterarse de las noticias y lo difícil y largo del viaje, en cuanto supieron de la noticia decidieron hacer un viaje para estar con Job. El comentario de que decidieron venir juntos nos demuestra que existían profundos lazos de amistad que hacían que valiera la pena el esfuerzo del viaje. También refleja que estaban en un mismo ánimo y contaban con la misma disposición para apoyar a su amigo.

La segunda lección que aprendí es que este viaje tenía un propósito definido: Condolerse y consolarlo. Estas palabras pueden sonar similares, pero en realidad se complementan de una forma muy especial porque tienen connotaciones diferentes. Condolerse implica entristecerse y compadecerse por el sufrimiento o la desgracia ajena, es apropiarse del dolor del otro. Es un nivel de empatía tan profundo en el que posiblemente no estamos acostumbrados a dar y tampoco a recibir. La consolación es aliviar la pena del otro, proporcionar ayuda a una persona para que supere una pena. Ellos estaban en ese momento para entregarse emocionalmente porque habían visto el inmenso dolor de su amigo. Pero también para darse de formas prácticas en lo que hiciera falta.

¿Cómo se manifiestan esas dos actitudes en las acciones de los amigos de Job? Ellos vieron que el dolor, las llagas y el pesar de Job habían transformado las expresiones de su rostro y hasta su cuerpo herido por las llagas no se movía con la misma facilidad y permanecía postrado. Se unieron a él en ese momento en la forma más genuina que ellos conocían: llorando, rasgando sus vestiduras y cubriendo sus cabezas con cenizas. Esas acciones externas estaban lejos de reflejar una apariencia agradable. Por el contrario, eran algo triste y hasta grotesco, esa era la forma en que culturalmente expresaban que compartían su dolor. Estar a su lado sin hablar era la manera más sensible en que podían apoyarlo en ese momento. Ellos lo acompañaron en silencio durante varios días, veían su dolor y también reconocían su impotencia para responder ante el drama inmenso de Job. En esos días no buscaron darle respuestas o explicaciones a la situación de su amigo, solo le brindaron su presencia silenciosa. A veces, tendemos a olvidar que las pequeñas acciones pueden tener un impacto profundo y que la sola presencia ante el que está dolido puede ser suficiente. El silencio del otro puede ser una vía para que hable el que está sufriendo.

En más de una ocasión me preguntaron muy sinceramente cómo querían que nos apoyaran luego de la partida de Danilo, y este pasaje de Job trajo claridad para entender lo que en ese momento no podíamos expresar. Lo que necesitábamos era sentir que estaban físicamente con nosotros sin que eso implicara que esperábamos de ellos un discurso, palabras apropiadas o respuestas a lo que estábamos viviendo. No necesitábamos que nos dieran ese «espacio» que culturalmente se entiende como lo mejor que se le puede ofrecer a aquel que ha sufrido una pérdida, sino el hombro sobre el cual apoyarnos para derramar lágrimas y los oídos que estuvieran dispuestos a escuchar. Poder expresar con libertad y sin juicios lo que hay en la mente y el corazón es la mejor manera de aliviar el gran peso que uno carga mientras atraviesa el proceso de duelo.

Tal vez esta escena no sea algo que esperemos entre creyentes que tienen una esperanza de vida después de la muerte y para quienes la muerte fue derrotada en la cruz, pero realmente nos ayuda a entender que acompañar al hermano en su dolor no significa falta de fe o una contradicción a sus creencias, sino un recordatorio de la fragilidad de la vida y la afirmación de que somos parte de un mismo cuerpo.

Jesús mismo expresó diferentes emociones humanas, como lo encontramos en el verso más corto de la Biblia, «Jesús lloró» (Juan 11:35). Estas palabras forman parte del relato de la enfermedad, la muerte y la posterior resurrección de Lázaro, hermano de Marta y María, una familia a la que el Señor amaba profundamente. Aunque mucho se ha hablado de las razones de Su llanto, sabemos que no fue por el dolor de la pérdida, porque Él sabía que esa enfermedad no era para muerte, sino para la gloria de Dios (Juan 11:4). Tampoco lloró por el remordimiento de no haber llegado a tiempo, porque el relato muestra que Él intencionalmente decidió quedarse dos días más en el lugar donde estaba (Juan 11:6). No lloró ante la incertidumbre de lo que iba a pasar, porque les dijo a Sus discípulos que Lázaro estaba dormido e iba a despertarlo (Juan 11:11). Entonces, si sabía lo que estaba pasando y nada escapaba de Su control, ¿por qué lloró? Por una sencilla razón muy humana: por empatía con el dolor de Marta y María. El llanto de ellas y de los judíos que las acompañaban lo conmovieron profundamente en el espíritu, y se entristeció (Juan 11:33). Él simplemente hizo algo que la Biblia dice que hagamos: ¡llorar con los que lloran!

Jesús manifiesta una actitud similar cuando intercepta el triste y desolador recorrido de quienes iban al entierro del hijo de la viuda de Naín y lo resucita (Luc. 7:11-17). El relato nos muestra claramente la actitud de Jesús ante el dolor: «Al verla, el Señor tuvo compasión de ella, y le dijo: "No llores"» (v. 13). El poder y la compasión del Señor van juntos. Es posible que Sus palabras no resulten tan impactantes, pero lo que en realidad Jesús le estaba diciendo a esta mujer era algo así: «No llores, porque estoy aquí y puedo cambiar tu situación. Yo puedo darte esperanza». Los padres hemos dicho muchas veces estas palabras a nuestros hijos cuando son pequeños. Si se caen, les decimos que no lloren porque vamos a curarlos y ayudarlos; creo que esa es la intención en este relato.

Jesús sabía todo sobre esta mujer viuda y que ese muchacho en el féretro era su único hijo. La muerte del joven hacía que no solo se quedara físicamente sola, sino social y económicamente desprotegida. Además, ya no tendría una descendencia que perpetuara su nombre. La resurrección de este joven no era solo una señal para los incrédulos, sino una acción personal y compasiva para con esta mujer, porque la estaba librando de una situación de escasez y abandono extremo. Por eso dice que el Señor resucitó al joven «... y Jesús se lo entregó a su madre» (v. 15). La misericordia que Jesús extendió a esta mujer le permitía un futuro con esperanza, un hijo con una vida por delante y una familia futura que la protegiera.

> En esto conocemos el amor: en que Él puso Su vida por nosotros. También nosotros debemos poner nuestras vidas por los hermanos. Pero el que tiene bienes de este mundo, y ve a su hermano en necesidad y cierra su corazón contra él, ¿cómo puede morar el amor de Dios en él?
>
> 1 Juan 3:16-17

Encontramos de nuevo un pasaje muy desafiante dirigido a los cristianos. La comparación que presenta es muy simple: si Cristo puso Su vida por nosotros, entonces nosotros debemos ponerla por los hermanos. No es una sugerencia ni una invitación, es un mandato. Aunque la forma de ponerlo en práctica no implique un madero con clavos que horaden nuestras manos y pies, ciertamente es un llamado que implica muerte. Hacer morir mis intereses al pensar en los intereses de los demás, muerte a mi comodidad porque debo salir de mi zona de confort para confortar al otro y dar la milla extra que mi hermano requiera en ese momento.

Juan implica que ese morir en amor se refiere al uso de recursos económicos. De hecho, ese es el punto que toca Juan: un amor reflejado al satisfacer la necesidad del hermano y la contradicción que implica decir que tenemos el amor de Dios y cerrar nuestro corazón y nuestras manos a la necesidad del prójimo, aunque la veamos. Juan nos enseña que el que tiene necesidad no es el que tiene que pedir, sino que aquel que ve esa necesidad debe suplirla. Si lo entiendes así, eliminarás muchas excusas que solemos usar para justificar nuestra falta. Muchas veces nos excusamos con frases como estas:

«Si me lo hubieras dicho, yo habría actuado».
«Si no fueras tan cerrado, habría sabido lo que querías y te hubiera ayudado».

Podríamos seguir con este tipo de argumentos, pero al final no se puede negar que hay una responsabilidad en aquel que, viendo la necesidad del otro, decide cerrar sus ojos y su corazón. El Señor no solo está trabajando en la vida del que sufre, sino en el entorno que lo rodea, porque esa es la forma en que todos crecemos a la imagen de nuestro Señor Jesucristo.

Capítulo 6

UN NO DIVINO

**Todo cuanto el SEÑOR quiere, lo hace,
En los cielos y en la tierra,
en los mares y en todos los abismos.**

Salmo 135:6

«No, señor, no los tengo en el sistema». Era la quinta vez que la señorita detrás del mostrador de la línea aérea nos decía que no encontraba nuestra reserva y volvíamos a insistir mostrándole el pase de abordar que teníamos impreso con nuestro código y nuestros nombres claramente escritos. Después de revisar los documentos varias veces, nos dijo: «Esta reserva es para la próxima semana». ¡No lo podíamos creer! Miramos fijamente el papel con las fechas de ida y de vuelta y nos dimos cuenta de que eran exactamente para una semana después. No nos desalentamos y le pedimos a la señorita: «¿Podemos subirnos en el siguiente vuelo?». Increíblemente, no había espacio para ese día ni para el día siguiente, sino hasta dentro de tres días.

Mientras Danilo se culpaba por su error al hacer las reservaciones, simplemente atiné a decirle: «Amor, no te preocupes, esta es la respuesta de Dios». Habíamos orado para que el Señor nos indicara claramente si debíamos o no hacer ese viaje. No podíamos negar que la respuesta era evidente, aunque solo días más tarde entenderíamos mejor la voluntad de Dios en ese momento.

Sin palabras, sin muchas fuerzas, sintiéndonos derrotados, jalamos la única maleta que teníamos como equipaje y nos retiramos del mostrador para ir a la cafetería por un poco de agua. Estábamos física y emocionalmente cansados. Permanecimos sentados un buen rato sin decir palabra, solo tratando de asimilar lo que estaba pasando y sabiendo que no había nada más que hacer. Pedimos un taxi para volver a casa. Nuevamente, solo nos quedaba abrazarnos en silencio y dejar que las lágrimas cayeran por nuestras mejillas.

Se nos salían las lágrimas porque al alejarnos del aeropuerto estábamos dejando atrás la pequeña esperanza que albergábamos de que tal vez «en ese lugar» nos dieran otro diagnóstico o alguna esperanza. Quizás los médicos habían interpretado mal las imágenes, o allá tendrían mejores equipos o nos podrían considerar como un caso especial para algún tratamiento nuevo. ¡Tantas ilusiones! ¡Tantas esperanzas se esfumaron en un momento! Tuvimos que rendir una vez más nuestros planes a Dios y creer que Él seguía en control, aunque nuestra mente finita no entendiera lo que estaba pasando.

Sin embargo, este impedimento de parte de Dios cobró sentido unos días después. Habíamos ido a una consulta médica y, casi saliendo del consultorio, Danilo le preguntó al doctor si podría verle la pierna que la tenía muy adolorida desde el día anterior. El médico experto no dudó ni un instante porque se dio cuenta de inmediato de que estaba ante un peligroso coágulo que requería una internación e intervención inmediata. Cuando se enteró de que habíamos intentado viajar unos días antes, solo nos dijo que era muy probable que Danilo no habría aterrizado con vida si hubiéramos tomado ese avión. Dios ciertamente estaba en control, y en Su soberano amor lo había guardado al impedir que tomara el avión.

Y lo seguiría guardando. Los minutos que siguieron fueron intensos, no se podía perder tiempo. Le buscaron una silla de ruedas porque no debía dar un paso más. Empezaron las llamadas para conseguir habitación, coordinar con los doctores, autorizaciones de seguro que no teníamos, completar formularios para la admisión, llamadas a hermanos para informarles del cambio que había surgido en la condición de Danilo.

Mi corazón latía aceleradamente ante tantas decisiones que se estaban tomando en solo unos minutos, mi mente estaba llena de preguntas y no sabía a qué prestarle atención. Dios mostró Su provisión a través de unos hermanos que estaban en el centro médico visitando a un pariente. Ellos pudieron llegar a acompañarme en solo unos minutos. Solo al verlos y sentir su compañía, pude sentir que mi corazón se tranquilizaba. Una cosa nos fue llevando a otra y de pronto estábamos en la sala de espera: mis hijos, algunos hermanos, todos esperando lo que nos dijeron que sería una intervención de rutina, un procedimiento que más o menos tomaría media hora. Pasó la primera hora, luego la segunda, luego la tercera y casi cuatro horas después tuvimos noticias de que todo había terminado. ¡Cuánta zozobra vivimos en esas horas!

Más adelante, Danilo nos contaría los imprevistos que surgieron en la sala de operaciones, desde una pieza que se rompió mientras se la ponían, hasta la forma milagrosa con que pudieron conseguir otra a tan altas horas de la noche. Entendimos una vez más que los pronósticos médicos eran una cosa y que otra era la orquestación de Dios. Muchas veces no íbamos a entender la forma como Dios actuaba, pero seguía siendo Dios para nosotros Sus hijos y aun para los médicos, que muchas veces pensaban que lo tenían todo bien calculado.

SI DIOS QUIERE

Esta frase tan conocida la solemos decir en cualquier momento en medio de una conversación, pero en realidad encierra una verdad teológica muy profunda. La Biblia nos dice con claridad que los designios finales le corresponden a Dios. Aunque no lo entendamos y muchas veces incluso no lo tengamos presente, hasta los más mínimos detalles de nuestra existencia están bajo Su control. Por eso debiéramos recordar poner nuestros planes siempre delante del Señor, tal como lo aconseja Santiago: «Más bien, debieran decir: Si el Señor quiere, viviremos y haremos esto o aquello» (Sant. 4:15). También Pablo lo experimentó en su propia vida: «sino que se despidió de ellos, diciendo: Volveré a ustedes otra vez, si Dios quiere» (Hech. 18:21). No son solo simples palabras, sino la convicción de que hay un Dios cercano que se interesa por Sus hijos y es lo suficientemente poderoso como para estar en control de sus circunstancias.

El pensamiento y la cultura contemporáneos nos han vendido la idea errónea de que la autosuficiencia humana implica un distanciamiento de la realidad de un Dios soberano que gobierna al sostener todo el universo visible e invisible. Lamentablemente, de una manera sutil y engañosa, esta forma de pensar también ha llegado a ser parte de la vida de muchos creyentes. Hay una línea delgada entre, por un lado, ser diligentes y responsables con todo aquello que Dios haya puesto en nuestras manos y, por otro lado, hacerlo fuera de Su gracia y solo en nuestras fuerzas. También cometemos un error al pensar que hay algunas cosas que son más santas y para las cuales buscamos la dirección de Dios, pero hay otras que son nuestras y las manejamos sin siquiera tenerlo en cuenta. Sin embargo, cuando reconocemos el gobierno y la soberanía de Dios, Su señorío debe abarcar todos los aspectos de nuestra existencia.

Uno entiende mejor la soberanía de Dios cuando ve su pequeñez en comparación con la grandeza del Señor. Santiago escribe un poco antes:

> Oigan ahora, ustedes que dicen: «Hoy o mañana iremos a tal o cual ciudad y pasaremos allá un año, haremos negocio y tendremos ganancia». (4:13)

¿No nos suena familiar este tipo de planes? ¿Acaso no acostumbramos a hablar así? ¡Claro que sí, y cuánta presunción puede haber en nuestros corazones al pensar que depende de nosotros tener ese mañana! Y continúa diciendo: «Sin embargo, ustedes no saben cómo será su vida mañana. Solo son un vapor que aparece por un poco de tiempo y luego se desvanece» (4:14). Son muchas las cosas que realmente no sabemos.

Pareciera que estas palabras son muy dramáticas y desalentadoras. Podríamos preguntarnos: ¿qué esperanza tenemos si todo va a terminar tan rápido? ¿Para qué afanarnos si todo se va a desvanecer? Es cierto que la vida es breve, para unos más que para otros, a la luz de una eternidad que tenemos prometida. El tiempo que Dios nos conceda es para que nuestras vidas puedan ser transformadas y aprendamos a atravesar cada una de las circunstancias tomados de Su mano y guiados por Él. Algunas veces experimentaremos más desiertos o más valles, más tormentas o tiempos de quietud, pero el Señor estará presente en cada oportunidad. Cuántas veces la oración del creyente es querer saber la voluntad de Dios para su caminar, pero, si le cuesta ser obediente en aquellas cosas pequeñas donde ya conoce lo que Dios demanda, ¡cuánto más difícil será obedecer cuando la respuesta del Señor es diferente a su petición!

Muchas serán las veces en las que el justo ore y Dios responda con un no, desde situaciones muy sencillas, decisiones cotidianas, planes muy elaborados o momentos tan críticos como los que nos tocó pasar con Danilo. Sin embargo, nuestra esperanza está en que la respuesta que recibimos es realmente la que necesitamos, aunque en su momento nos duela.

Oramos como familia para que el Señor obrara un milagro de sanidad y pudiéramos estar entre aquellos que dan testimonio glorioso del poder sanador de Dios, pero no nos aferramos a esa petición porque Dios ya nos había mostrado Su camino. Muchos hermanos también hicieron esa oración sincera, pero al Señor no le plació que así fuera, pero eso no significó que no fuéramos testigos de Su poder, gracia, amor y provisión. Cuando oramos para que Dios nos ayude a estar en Su voluntad, podemos ver de forma espiritual aquello que no hubiésemos podido percibir en otro momento.

La mano de Dios que se mueve abriendo puertas es la misma que se mueve cuando las cierra; la mano que hiere es la misma que sana. Nada en Su naturaleza cambia cuando concede algo o impide que algo suceda. Esa es la razón por la que la Biblia nos exhorta a que demos «gracias en todo, porque esta es la voluntad de Dios para ustedes en Cristo Jesús» (1 Tes. 5:18). No tiene que ver con entenderlo todo. Esta actitud de gratitud viene a ser como un protector para que el corazón no se llene de amargura por no recibir lo que había pedido en oración.

Esos «No» divinos nos pueden librar de muchas cosas, como un accidente cuando un viaje se vio súbitamente truncado; de una mala decisión cuando una reunión muy importante se cancela; de un mal matrimonio y muchas lágrimas cuando un compromiso se rompe. Podría darte muchos ejemplos de cristianos que han visto suceder estas cosas en sus vidas y han reconocido que Dios los libró de dolores mayores. Repito, si aceptamos el obrar de Dios en las pequeñas cosas, cuánto más en aquellas que superan nuestro entendimiento.

Dios conoce lo que necesitamos y Su respuesta negativa a nuestra petición sincera puede que traiga dolor en su momento, pero tiene un propósito mayor. Nuestras lágrimas en Sus manos nunca serán en vano.

> Tú llevas la cuenta de todas mis angustias
> y has juntado todas mis lágrimas en tu frasco,
> has registrado cada una de ellas en tu libro.
>
> Salmo 56:8, NTV

Capítulo 7

UNA VISIÓN OPACA

Ten piedad de mí, SEÑOR, porque estoy sin fuerza; Sáname, SEÑOR, porque mis huesos se estremecen.

Salmo 6:2

«Todo me parece gris», le dije al hermano que me acompañaba al aeropuerto para recoger a mi hermano y mis cuñados que llegaban para estar con nosotros y apoyarnos en esa etapa de enfermedad de Danilo. «Es normal, Odette, por todo lo que estás atravesando», fue su respuesta, breve, pero reflejaba la realidad de la situación. Aunque sabía que el cielo y el mar que tenía frente a mí seguían tan hermosos y espectaculares como siempre, era innegable que yo no podía hallar deleite y verlos de la misma forma como lo hacía antes cuando hacíamos ese recorrido tan familiar. Era como si el brillo y el color de la vida se hubieran desvanecido de todo lo que estaba a mi alrededor y ahora lo rodeara una especie de nube gris. Veía las cosas sin verlas, sin poder deleitarme en ellas. Percibía las risas en mis oídos, pero no llegaban a alegrar mi corazón. Estaba tan triste, totalmente enfocada en los detalles que ahora nos tocaban vivir y las decisiones que había que tomar a cada momento, que el resto simplemente pasó a un segundo plano. Lamentablemente, esa nube gris permanecería luego de la partida de Danilo porque iba a ser parte de ese proceso llamado duelo, un proceso raramente comprendido y, por lo tanto, muchas veces malinterpretado.

Aunque suene paradójico, en su afán de llevar todo evento bajo el verso de que «todo obra para bien», el creyente suele olvidar o minimizar la realidad y la necesidad de consuelo que tiene en momentos de pérdida. La Biblia nos manda con suma claridad: «Gócense con los que se gozan y lloren con los que lloran» (Rom. 12:15), pero no siempre sabemos hacerlo. Resulta más cómodo unirse a la carcajada que al llanto, reaccionamos mejor a la risa que a las lágrimas, preferimos el lugar de banquete que el lugar del velorio. Sin embargo, Dios mismo afirma que somos de polvo, es decir, un material frágil que solo en las manos del Señor puede ser fuerte. De hecho, de Él proviene nuestra fortaleza en medio de la debilidad y la parte que le compete al cuerpo de Cristo es aprender a ofrecer un nivel de consuelo que vaya más allá de nuestros esquemas sociales, familiares o culturales.

> ... Padre de misericordias y Dios de toda consolación, el cual nos consuela en todas nuestras tribulaciones, para que también nosotros podamos consolar a los que están en cualquier aflicción, dándoles el consuelo con que nosotros mismos somos consolados por Dios.
>
> 2 Corintios 1:3b-4

¡Qué pasaje tan claro y práctico!

Lo primero que vemos es que la consolación es muy característica de nuestro Dios. Él nunca nos pide algo que esté fuera de Su naturaleza y por eso nos dice que es «Dios de toda consolación» (v. 3). Hay muchas consolaciones, muchas situaciones en las que debemos ser consolados, y el Señor las conoce y provee lo que necesitamos.

En segundo lugar, este pasaje también nos enseña que Dios no nos exige nada que no hayamos recibido primeramente:

Hemos recibido Su consuelo en todas nuestras tribulaciones sin excepción, expresada de diferentes formas, con una palabra de aliento a través de un hermano o una prédica, con una palabra de esperanza mientras estamos a solas con Él, un sentido de Su presencia cuando todo alrededor puede lucir vacío. Por eso es tan importante poder compartir la obra consoladora de Dios con los que nos rodean, porque nos ayuda a ver a Dios en nuestras vidas.

En tercer lugar, una de las razones por las que fuimos consolados es para capacitarnos en consolar al que esté en cualquier tipo de aflicción. El crecimiento y la madurez que permiten las pruebas nos preparan para poder sostener al hermano que está pasando por un momento de debilidad. Nuestras palabras ahora salen de un corazón que ha sido tratado por Dios y no como una simple repetición de lo que conoce nuestra mente. La compasión para acercarnos al otro refleja la compasión con la que Dios nos trató en esos momentos de dolor. No podemos hacer distinción entre grados de aflicción porque cada persona va a reaccionar o vivir una determinada circunstancia de una forma muy particular. No es nuestra misión dentro del cuerpo tratar de medir su dolor, sino brindar el consuelo que viene de Dios. Aunque estas palabras podrían sonar un poco confusas, en realidad tienen una secuencia muy clara. Empiezan en Dios y se extienden como una bendición a Su pueblo.

No podíamos pedir aquello que ni nosotros sabíamos. ¿Qué era lo que realmente nos esperaba después de que todo hubiera acabado? No lo sabíamos. ¿Qué significaba este proceso? Se trataba justamente de un nuevo proceso de reajuste de nuestras vidas, en el cual debíamos ir descubriendo poco a poco, porque a la verdad no había un manual que nos indicara cuáles eran los siguientes pasos.

Este proceso iba a empezar con acciones muy sencillas, pero dolorosas. Empezaría rehaciendo una vida, permaneciendo en el mismo lugar. Había que empezar acomodando mi habitación que, por los últimos tres meses, la habíamos preparado lo mejor que pudimos como una habitación de hospital para darle la mayor comodidad posible a Danilo. Tenía que empezar a guardar y disponer sus pertenencias y experimentar todo el dolor que significaba sacar cada una de esas cosas. No se trata de atesorar objetos, sino de enfrentar la realidad desafiante de que esa persona ya no estará presente en nuestras vidas. Empezó con volver a los mismos lugares, con hacer cosas cotidianas del diario vivir, pero sabiendo que la ecuación era diferente, qué difícil sería preparar una taza de café en la mañana en lugar de dos porque evidenciaba la ausencia de esa primera conversación y primeras risas juntos al empezar el día. Empezó con la decisión de seguir viviendo a través de cada detalle, dando pequeños pasos en los que reconocíamos que cada uno de ellos los dábamos por la gracia de Dios. Él sabía que nos faltaban fuerzas físicas y emocionales, pero Él era suficiente para suplirlas.

También están los cambios que no se ven, aquellos que afectan el alma y las emociones. Suelen ser difíciles de expresar, pero no es la mejor opción negarlos y no trabajar en ellos. De hecho, dejar lagunas o apurar un proceso de duelo porque se piensa que no es importante solo hará que salga a flote con mayor intensidad en el momento menos esperado.

Solo el Señor, con Su poder y Su gracia, puede cambiar nuestra realidad, pero necesitamos saber dónde estamos para dejar que Él haga Su obra desde ese lugar. Salomón nos dice con mucha sabiduría en Eclesiastés que hay un momento para todo en nuestro caminar por esta vida e incluye el llanto:

> Tiempo de llorar, y tiempo de reír;
> tiempo de lamentarse, y tiempo de bailar.
>
> Eclesiastés 3:4

Estas palabras le entregan una verdad que necesita saber un alma angustiada: La situación que está viviendo no es permanente y no va a quedarse en ese lugar, esas heridas del alma que hacen brotar las lágrimas irán siendo sanadas por nuestro Dios.

El SEÑOR [...]
Sana a los quebrantados de corazón
Y venda sus heridas.

Salmo 147:2-3

Al igual que toda herida física, esas heridas del alma también tienen un proceso de sanidad. El cuerpo estará comprometido con ese dolor por un tiempo, incluso quedan afectados los sentidos tan comunes, como el sentido del gusto. Recuerdo que la comida en esos días no tenía esa variedad de sabores ni había deleite en prepararla ni en comerla, era más un acto intencional para alimentar el cuerpo, pero sin disfrutarla. Debo reconocer que me tomó mucho tiempo volver a la cocina para preparar alimentos con el corazón, con ese amor por mi familia y ese entusiasmo de años anteriores. Mis hijos fueron muy pacientes al aceptar un menú sin inspiración durante un buen tiempo.

Las habilidades cognitivas como pensar, memorizar o retener información también se ven afectadas. Ahora se han vuelto actividades que cuesta mantener. Mis hijos, que en ese momento tenían 21, 19 y 15 años, se encontraban en diferentes etapas escolares y universitarias y tuvieron que enfrentarse a una dura realidad de falta de empatía en ese ambiente. Era más cómodo someterlos a las mismas exigencias que sus compañeros, porque quizás se pensaba que debían aceptar su nueva realidad y seguir con sus vidas. No se consideró dar ese paso de acompañamiento particular y considerado a una vida que está luchando por salir a flote.

Es más fácil ser sensible a las incapacidades físicas que son evidentes a la vista, por ejemplo, con un niño que tiene dificultades para caminar, aunque sea por un simple yeso. Estoy segura de que no lo pondrían a competir en una carrera con otros niños y además esperar que gane, pero eso es lo que se espera cuando no se toman en consideración las heridas que no son visibles del hijo o hija que está viviendo un duelo. Estas siguen siendo grandes barreras que cada uno tiene que superar y que los que rodean y tienen relación con el que está sufriendo no pueden pasar por alto.

Lamentablemente, este puede ser un recorrido muy solitario para muchos de estos jóvenes que han perdido a sus padres en esas etapas tan frágiles de la adolescencia y los años de formación, donde deben tomar las decisiones más determinantes para su futuro. Las madres nos hemos quedado solas y no pensamos que tengamos todas las herramientas y la sabiduría necesarias para darles esa instrucción y dirección que tanto necesitan. Es un tiempo en que nuestras oraciones por ellos se convierten en un clamor y una súplica para que Dios no los abandone en su dolor y pueda guiar sus pasos con claridad.

Pablo menciona como parte de los deberes prácticos de la vida cristiana que «animen a los desalentados, sostengan a los débiles y sean pacientes con todos» (1 Tes. 5:14b) Me pregunto: ¿qué puede causar mayor cúmulo de emociones en una vida joven que pasar por la pérdida de un papá? Sabemos que solo el Señor puede llegar a esas profundidades a veces tan oscuras del alma para traerles de Su luz y restaurarlas. Solo Él nos puede sacar del pozo de la desesperación, pero la iglesia como el cuerpo de Cristo está llamada a ser los brazos que abrazan, los oídos que oyen, las manos que fortalecen y secan las lágrimas.

No me juzgues si mis manos no pueden aplaudir,
están cerradas tratando de no dejar
escapar las pocas fuerzas que tengo.

No me juzgues si te miro y no te puedo sonreír,
tengo el alma desgarrada y no sé cómo seguir.

No me juzgues si tu risa no me provoca alegría,
pero mi vasija ha sido rota y están
trabajando en ella cada día.

No me juzgues mi hermano que,
si hoy estoy en las manos del Alfarero,
aunque no es el lugar que prefiero,
es donde tengo a mi mejor Compañero.

Capítulo 8

UN DISEÑO ROTO

Y después que hayan sufrido un poco de tiempo, el Dios de toda gracia, que los llamó a Su gloria eterna en Cristo, Él mismo los perfeccionará, afirmará, fortalecerá y establecerá.

1 Pedro 5:10

Dios nos proveyó a mis hijos y a mí la oportunidad de viajar a Europa y recorrer diferentes museos en los que pudimos ver espectaculares obras de arte. Allí pudimos apreciar que la belleza de cualquier obra radica en que está completa o terminada. El artista la ha concebido en su mente de una forma en particular y debe trabajarla hasta llegar al punto en que la califica como hermosa y completa. El autor no solo culmina su obra, sino que se siente satisfecho con su logro, porque llegar a ese punto ha implicado muchos años de arduo trabajo y dedicación. Aunque cada observador pueda tener una opinión del resultado final de la obra, solo quien la creó conoce su historia y propósito. Pero, ¿quién podría decir que una obra es hermosa, ya sea una vasija, un cuadro, una pieza musical o una escultura, si estuviera rota?

La Biblia nos habla de un hermoso diseño para el hombre y la mujer, concebido en la misma mente del Creador para que reflejen la gloria de Dios de una manera especial y única. Ese diseño particular que los une es el matrimonio. El Señor usa esta figura en la Escritura para tratar de describir cómo luce en muchos aspectos la relación de Cristo con Su Iglesia y se presenta como misteriosa, profunda y difícil de explicar, pero nos permite entender mejor lo que Dios ha establecido.

El matrimonio es la única relación de la cual se dice que dos personas serán una sola carne, implicando una unidad muy profunda que abarca los aspectos emocional, físico, espiritual e intelectual de dos personas. Aun siendo criaturas imperfectas y viviendo en un mundo imperfecto, Dios nos permite gozar de las bondades de este hermoso diseño, al mismo tiempo que crecemos como personas y como creyentes. Sin embargo, como de este lado de nuestra existencia nada es duradero, el matrimonio tampoco perdura y se rompe con la muerte de uno de los cónyuges, quedando una figura incompleta. Eso es lo que implica la viudez.

De un momento a otro, en algunos casos más súbitamente que en otros, una no solo queda despojada del compañero de vida con todas las implicaciones que tiene esta pérdida, sino que una parte de la vida misma también se ha ido para siempre. ¡Cómo explicar con palabras algo tan profundo!

El Señor podía entender aquello que yo no podía expresar, y Su Palabra era para mí una y otra vez la oración que mis labios no podían decir:

> En Dios solamente reposa mi alma,
> porque de él viene mi esperanza.
> Solamente él es mi roca y mi salvación.
> Es mi refugio, no resbalaré.
>
> Salmo 62:5-6, RVR1995

Solo cuando se ha vivido el regalo del matrimonio con un entendimiento bíblico y de una forma intensa, feliz, aunque no perfecta, es que la pérdida del esposo pone al descubierto muchas otras pérdidas. Danilo y yo tuvimos la bendición de estar felizmente casados durante veintitrés años, veinte de los cuales los vivimos en República Dominicana, la tierra que vendría a ser nuestro segundo hogar y a la que llegamos a amar con todo nuestro corazón. Una isla que nos permitió formar una familia muy unida, un lugar que, en la providencia de Dios, vio nacer a dos de nuestros tres hijos y que luego recibió los restos de mi amado esposo.

Siempre que hablábamos de nuestros planes futuros nos veíamos envejeciendo juntos con nuestras arrugas y nuestras canas, pero siempre tomados de la mano, sirviendo de alguna forma en la iglesia, pensando en la nueva etapa que estábamos por experimentar en un par de años cuando nuestros hijos estuvieran encaminados en sus profesiones y enfrentando los retos de formar sus vidas. Esa nueva etapa nos permitiría disponer de mayor tiempo para servir en la iglesia.

Solíamos hablar de los sueños que teníamos por realizar y de los hermosos planes para esos años futuros. Sin embargo, su partida no solo significó que se trastornaran esos sueños futuros o que ya no tendría con quién recordar y compartir el pasado, sino atravesar una nueva realidad fuera del diseño del matrimonio de Dios y de Su provisión en medio de la pérdida. Ya no habría un «nosotros» en la conversación, ahora era solo un «yo».

Entender y procesar estos cambios sería imposible sin la certeza de que Dios estaría a mi lado para sostenerme, fortalecerme y permitirme seguir en sus caminos. No se trata de una lección que se aprende teóricamente luego de una lectura o de seguir un método con diez pasos; no, es un largo recorrido a través de los detalles que trae consigo esta nueva etapa. Si al Señor le plació que viviera por tantos años dentro de ese esquema matrimonial de una sola carne, sé que debo ser paciente en aprender lo que trae este nuevo camino, porque tomará un tiempo que solo el Señor conoce en Su omnisciencia.

¿Cuáles eran esos principios matrimoniales que se habían roto?

La ausencia del esposo como cabeza: «Porque el marido es cabeza de la mujer, así como Cristo es cabeza de la iglesia» (Ef. 5:23). La cabeza es la parte lógica de la relación en el diseño de Dios. El esposo dirige, guía y termina siendo responsable de las decisiones familiares. Fueron muchos años de vivir bajo la cobertura y cuidado espiritual, físico y emocional de Danilo, porque su hombro y sus brazos siempre me acogieron cuando tenía ganas de llorar o su risa contagiaba la mía. Siempre disfruté de sus sabios consejos sobre cualquier asunto que quisiera consultarle y gocé de su apoyo permanente porque era la persona que más me conocía y confiaba en mí. Danilo sabía alentarme cuando dudaba de mí misma y podía ver cualidades que no era capaz de ver en mí misma. Apreciaba muchísimo su dirección en diferentes aspectos de nuestra vida de pareja y de familia porque tenía la capacidad de analizar desde tantos ángulos diferentes que la mayoría de las personas tal vez no lo harían.

Mi esposo siempre tuvo presente la vida espiritual de cada uno de nosotros. Él revisaba libros que fueran útiles para cada uno y me animaba a leerlos, comentaba sobre lo que él mismo estaba leyendo, promovía charlas sobre las prédicas de la iglesia para que pudiéramos conversar y entenderlas mejor. También era nuestro proveedor de juegos familiares. Sus ojos brillaban como los de un niño cuando llegaba con un juego nuevo. Nos contaba que había investigado que tenía buenos comentarios y quería incluirlo en el tiempo de familia. A pesar de que al inicio poníamos resistencia, siempre terminábamos incluyéndolo y disfrutándolo en nuestro tiempo familiar. Pero de pronto todo eso se esfumó. Fue como si a alguien le quitan el techo que tiene sobre su cabeza en medio de una tormenta y queda solo y a la intemperie, azotado por vientos y lluvias que impactan por todos lados y no dan tiempo a reaccionar.

Durante tanto tiempo nos habíamos complementado tan bien en muchas áreas, éramos cómplices aun con solo mirarnos. A veces bastaba una mirada para saber lo que pensábamos. Yo podía hacerle comentarios o sugerencias sobre diferentes circunstancias, pero descansaba confiada en su decisión final, incluso en aquellas ocasiones en que no estuviera completamente de acuerdo o sintiera que mi opinión no era escuchada por completo. Descansaba porque sabía que me amaba, era su responsabilidad y parte de su rol como esposo. Cuánto alivio sentía al no tener que llevar esa responsabilidad sobre mis hombros. Pero ahora todo recaía sobre mí, ¡y cuánto costaba!

De repente, todas las responsabilidades y necesidades de una familia recayeron sobre mí. Cada pequeño detalle, desde el arreglo del auto, las finanzas, el trabajo, los impuestos o cualquier desperfecto o imprevisto que surgiera implicaban decisiones inmediatas que debía tomar y resolver por mi cuenta. A todo lo anterior debo sumarle las decisiones más difíciles de enfrentar porque estaban relacionadas con mis hijos. No me sentía capaz de darles la misma dirección, apoyo y soporte que su papá les hubiera dado, porque se hacía tan evidente que necesitaba su punto de vista.

Todas esas experiencias nuevas para mí me hicieron comprender de una forma más cercana la fragilidad a la que se refiere la Biblia cuando dice que la mujer es como un vaso más frágil (1 Ped. 3:7). En mi mente no podía concebir que pudiera enfrentar todo lo que tenía por delante, sabía que primero iba a ser una lucha con mis inseguridades, mis miedos y también mi fe. Aunque mis pensamientos no me ayudaban a llegar a una conclusión que me diera paz, solo podía recordar que Dios cuidaría de mí y de mis hijos. A pesar de que la noche siguiera oscura y no vislumbrara un poco de claridad, el día llegaría porque una tormenta no dura para siempre, aun cuando sea muy fuerte.

La ausencia de cuidado: «Porque nadie aborreció jamás su propio cuerpo, sino que lo sustenta y lo cuida, así como también Cristo a la iglesia» (Ef. 5:29). La Biblia enseña que el amor del esposo por su esposa se compara con el amor de Cristo por Su Iglesia de forma práctica. Ese amor no es solo palabras, sino acciones que tienen que ver con sustentar, proteger y cuidar al ser amado.

Cuando estamos recibiendo de ese amor, no nos percatamos de todos los detalles que eso implica hasta que lo perdemos. Desde entonces uno es más consciente de los peligros, los engaños y las situaciones difíciles que siempre han estado presentes en nuestro mundo y en nuestro entorno cercano. Sin embargo, no eran situaciones que las esposas teníamos que enfrentar de forma directa porque el esposo es esa especie de cobertura y protección. ¿De cuántas cosas Danilo se habría encargado en silencio solo porque entendía que era lo que le correspondía? Solo la presencia física de un esposo provee esa sensación de seguridad a su familia cuando cumple su rol a cabalidad.

Un amor que busca la santificación: «Maridos, amen a sus mujeres, así como Cristo amó a la iglesia y se dio Él mismo por ella, para santificarla, habiéndola purificado por el lavamiento del agua con la palabra» (Ef. 5:25-26). Una de las características de la perspectiva bíblica del amor en el matrimonio es la intención de santificarnos, de llevarnos a parecernos más a Cristo. En la vida matrimonial existen oportunidades para exhortarnos y alentarnos, para fortalecer nuestro caminar como creyentes. Lo más valioso no es solo el amor romántico que el mundo trata de imponernos, porque ese tipo de amor es en sí pasajero y egoísta. Por el contrario, el verdadero amor matrimonial busca el bien del otro.

Ese amor se goza en dar, en bendecir con detalles, tanto con acciones como con palabras. Durante la vida matrimonial habrá momentos de renuncia, de falta de entendimiento y de paciencia, pero con la fuerza del verdadero amor y de la mano de Dios esos momentos difíciles serán oportunidades para crecer juntos y rendirnos delante del Señor. Una hermosa verdad que recibimos como consejo desde el inicio de nuestro matrimonio fue que todas esas iniciativas de amor deben partir del esposo como líder. Un hermano muy sabio y amado por nosotros le recordaba a Danilo constantemente que su misión como cabeza del matrimonio era hacer que mi vida reflejara más a Cristo.

Los días pasaban y la nueva realidad, es decir, esta nueva condición como viuda iba cobrando un peso mayor. Llegué a entender que todo lo que había conocido, los lugares que había visitado, todo lo que había vivido hasta el momento de la partida de Danilo debía ser reescrito. El problema era que no estaba segura por dónde empezar ni si tendría las fuerzas para hacerlo. Sentía que daba pasos al vacío sin la certeza de saber cuál sería el resultado. Todo lo simple y cotidiano ahora era duro y pesado, hasta fue inevitable considerar la posibilidad de que tal vez sería más fácil empezar esta nueva etapa yéndonos a vivir a otro lugar que no nos trajera tantos recuerdos. Sin embargo, sabía que un escape no era la solución ni el camino para tomar; además, esa había sido una de las primeras preguntas que mis hijos me hicieron: «¿Nos vamos a mudar de país?». Yo sabía que la intención detrás de esas palabras radicaba en la necesidad de estabilidad en medio del gran cambio que habían tenido que vivir. Así que les había prometido que ese no sería el plan (al menos no en ese momento).

La mejor forma para continuar viviendo tendría que ser enfrentando mis recuerdos y creando nuevos. Un proceso que implicaría estar en lugares y con personas para quienes la vida seguía su curso normal y no podrían entender el gran reto que significaba para nosotros dar cada pequeño paso. Reintegrarse a la iglesia, volver a las reuniones de grupos pequeños, ir al supermercado o al colegio requería pedir que Dios nos diera de Su gracia. Las siguientes palabras del salmista explican mejor cómo pudimos pasar ese tiempo:

> Sin embargo, yo siempre estoy contigo;
> Tú me has tomado de la mano derecha.
>
> Salmo 73:23

No estamos con Dios porque seamos fuertes, sino porque Él es quien nos toma de la mano y no nos deja caer. Dios nos estaba sosteniendo y mostrando que estaba a nuestro lado, Él sabía que,

> Mi carne y mi corazón pueden desfallecer,
> Pero Dios es la fortaleza de mi corazón
> y mi porción para siempre.
>
> Salmo 73:26

Capítulo 9

Y AHORA, ¿QUIÉN SOY?

El Espíritu mismo da testimonio a nuestro espíritu de que somos hijos de Dios.

Romanos 8:16

«Dígame su segundo apellido de soltera», me preguntó la señorita mientras llenaba unos formularios en el banco. En breves segundos, como si se tratara de una película en cámara lenta donde el tiempo finalmente se detiene, mi mente solo pensaba: «Por veintitrés años fui Carranza. ¿Ahora me pide mi otro apellido? ¿Cuál apellido?». Ni siquiera se lo pude decir de forma natural, la voz me temblaba y solo pensaba: «Es Carranza. ¡Por favor, ponga Carranza!». Pero ya no era ese apellido, ya no lo sería más desde este momento. Ese documento y los siguientes saldrían con mi nombre de soltera, el nombre de una persona a quien tendría que aprender a descubrir bajo esta nueva realidad.

No estaba preparada para enfrentar un cambio de identidad tan radical y tan súbito, pero era algo inevitable y no podría hacer nada al respecto. Simplemente, había dejado de ser esposa, el rol que me había dado identidad social por tantos años, que había disfrutado ejercer, y ya no tendría más el apellido que había sido un instrumento de crecimiento, alegrías y retos.

No solo se trataba de que mi nombre ahora estaría acompañado de esa frase tan fría, tan dura: «viuda de...». No, ahora también cambiaría mi círculo de relaciones, mis prioridades, mi enfoque, mis responsabilidades, mi lugar en la iglesia y en el sistema social y hasta gubernamental en el cual estamos inmersos. Un sistema que, con el tiempo descubriría, no considera la viudez como un estatus, sino que simplemente anula todo lo vivido hasta ese momento como si quisiera ser borrado o fuera completamente innecesario.

¿Cómo era posible que tantas cosas pudieran pasar al mismo tiempo? ¿Cómo se suponía que debía encontrar esa nueva senda para mi vida? «¡Señor, alumbra mi camino!». Mis palabras eran más que una oración, eran un grito de auxilio.

Escucha, oh Señor, mi oración,
Y atiende a la voz de mis súplicas.
En el día de la angustia te invocaré,
Porque tú me responderás.

Salmo 86:6-7

Ahora entendía mejor cómo debió sentirse Noemí, la viuda del libro de Rut. Su historia adquiría un sentido completamente diferente y de una forma incomprensible se convirtió en una hermana cercana, unidas por circunstancias similares, aunque vivimos en tiempos diferentes. La Biblia resume la pérdida en su vida en dos líneas: «Y murió Elimelec, marido de Noemí, y quedó ella con sus dos hijos» (Rut 1:3). Solo unas pocas palabras para redefinir un nuevo círculo familiar, un nuevo estatus social y una nueva vida. Su caso también estuvo marcado por la necesidad económica, porque si bien ya era muy difícil ser mujer y extranjera, mucho más lo sería ser viuda. Significaba que estaba desprovista de la manutención que venía de su esposo y, con la muerte de sus hijos, perdió también la posibilidad futura de que hubiera un hombre en la familia que cuidara de ella.

Yo podía decir de mí: «y quedó ella y sus tres hijos», porque ahora esa iba a ser nuestra realidad, ese era nuestro nuevo círculo íntimo, ya no más cinco, solo cuatro. Una matemática fría y simple, pero un resultado con consecuencias impresionantes que iríamos descubriendo con el tiempo.

Nosotros nos asemejábamos a Noemí porque calificábamos en la descripción de «extranjero, huérfano y viuda», pero aunque para nuestros oídos eran palabras muy fuertes y nuestro corazón no podía asimilar todo lo que eso traía consigo, Dios tenía consuelo para nosotros en Su Palabra. Él tenía desde la eternidad un lugar especial en Su corazón para este grupo tan particular. El Señor dejó claramente escrito el cuidado que quería que Su pueblo entregara a estas personas. Estos versos cobraron un nuevo sentido en nosotros y parecían salir de las páginas de la Biblia como si hubieran sido puestos cuidadosamente en su lugar para nosotros. Las promesas que estaban escritas eran más que palabras impresas en tinta, eran verdades a las cuales debíamos aferrarnos con toda nuestra mente y nuestro corazón para que hicieran esa obra espiritual que es difícil de expresar en palabras, pero que necesitábamos tanto:

> El Señor protege a los extranjeros,
> Sostiene al huérfano y a la viuda...
>
> Salmo 146:9

> El hace justicia al huérfano y a la viuda, y muestra Su amor al extranjero dándole pan y vestido.
>
> Deuteronomio 10:18

Estos tres grupos son bastante vulnerables desde el punto de vista humano. Mientras las sociedades se vuelven más egoístas, más centradas en la satisfacción de necesidades personales en lugar de las grupales, esta realidad es todavía más cruda. El extranjero, aquel que ha salido de su tierra por diferentes motivos, nunca tiene las mismas condiciones que el local, ni goza de los mismos privilegios; siempre debe estar pendiente de mantener su estatus legal al día, e incluso existen mayores consecuencias, como la deportación, si llegara a infringir la ley. Un extranjero no tiene dónde clamar por justicia y en esta época de migraciones masivas los problemas aumentan significativamente, pero ¡Dios ha prometido protegerlos! El mismo Dios que sostiene el universo, que creó los cielos y la tierra por el poder de Su palabra, los protege. Tal vez no entendamos lo que esto implica, y al mirar a nuestro alrededor, pensemos que Dios se ha olvidado de cumplir con Su Palabra, pero Dios es fiel a Sus promesas. La maldad del ser humano apartado de un Dios santo solo hace que Su amor y Su bondad luzcan más brillantes.

La figura del huérfano es una de las más frágiles en cualquier sociedad. El desamparo de los huérfanos es una evidencia vergonzosa de la decadencia humana y es peor todavía cuando se trata de niños pequeños indefensos física, emocional y económicamente. No hay una figura paterna que los defienda, sustente y proteja en un mundo difícil y con muchos peligros. El número de huérfanos sin hogar en el mundo es inmenso debido a causas políticas, guerras y enfermedades. Un gran número de esos niños sin padres tiene que luchar por sobrevivir en un mundo de adultos, una evidencia palpable de la dureza del corazón humano. Sin embargo, Dios es quien les hace justicia. La humanidad no conoce los tiempos ni las formas de obrar que tiene el Señor, pero Él no se ha olvidado de estos pequeños.

La viuda tiene que enfrentar una realidad inesperada que no conoce y que la pone en una posición donde no se suponía que debía estar, porque implica, entre otras cosas, asumir la responsabilidad de una familia sobre sus hombros, aprender a manejar situaciones conflictivas y tomar decisiones siendo consciente de que puede ser fácilmente engañada, incluso por personas de su confianza. Además, es muy probable que el representante legal ante el sistema bancario y otras instituciones haya sido el esposo, por lo que ahora ella debe lidiar con esas instituciones para lograr el estatus legal que no tenía. Sin embargo, Dios ha prometido sostenerla. Dios siempre sostendrá a los débiles:

> Porque Tú has sido baluarte para el desvalido,
> Baluarte para el necesitado en su angustia,
> Refugio contra la tormenta, sombra contra el calor.
>
> Isaías 25:4

LA PERSPECTIVA BÍBLICA DE LA ATENCIÓN Y EL CUIDADO DE LAS VIUDAS

Antes de llegar a ser una de ellas, no había entendido la importancia y el cuidado que Dios le da a la condición de las viudas a lo largo de las Escrituras. Ni siquiera sabía el significado de esa palabra «separada», «dividida» o «arrancada de su estado natural». ¡Cuán fácil me resulta ahora identificarme con estas definiciones! Cada una de esas palabras fue dándole significado a la nueva realidad que iría descubriendo. Había sido arrancada de mi estado de esposa y Dios iría abriendo nuevas sendas a mi vida de una forma que no podía calcular en ese momento, pero cuán difícil se hacía ver ese horizonte cuando todo acababa de cambiar.

El Antiguo Testamento y el Nuevo Testamento están llenos de enseñanzas e instrucciones para el pueblo de Dios sobre cómo manejar la situación de las viudas, porque el Señor sabía que, como resultado de vivir en un mundo caído, este grupo siempre iba a estar presente en la sociedad. Por eso puso tanto cuidado en proteger a ese grupo tan vulnerable. En el mismo sentido, cumplir con estas instrucciones sería otra de las marcas que diferenciarían al pueblo de Dios de los demás pueblos paganos vecinos. La enseñanza cristiana contemporánea sigue marcando una diferencia en donde el amor al prójimo, al hermano en necesidad, está por encima de ambiciones y comodidades personales.

LA ENSEÑANZA DEL ANTIGUO TESTAMENTO

Una mujer sin esposo en los tiempos del Antiguo Testamento quedaba despojada de todo honor social, de seguridad y protección, podía ser objeto de grandes injusticias por parte de la sociedad, perder sus propiedades, carecer de sustento y no ser escuchada en su reclamo. Sin embargo, vemos que Dios mismo declara que «Él hace justicia al huérfano y a la viuda...» (Deut. 10:18) y ordena a todo el pueblo:

> A la viuda y al huérfano no afligirán. Si los afliges y ellos claman a Mí, ciertamente Yo escucharé su clamor, y se encenderá Mi ira y a ustedes los mataré a espada, y sus mujeres quedarán viudas y sus hijos huérfanos.
>
> Éxodo 22:22-24

La peor ilustración de un castigo que podía darles a esas personas era que visualizasen a sus propias familias en esa misma condición, una imagen muy poco grata. ¿Cómo se puede causarle más dolor a alguien que ya está en medio de una aflicción tan grande? Una de las formas es actuando injustamente contra ellos, tratando de aprovecharse de sus circunstancias, de su ignorancia, tomando ventaja de su desgracia. El Nuevo Testamento nos muestra cómo Jesús en más de una ocasión les dice a Sus discípulos:

> Cuídense de los escribas [...] que devoran las casas de las viudas y por las apariencias hacen largas oraciones; ellos recibirán mayor condenación.
>
> Lucas 20:46a-47

¿Qué significaba esto? Que ellos demandaban a las viudas un supuesto aporte para el templo, cuando ellas eran las que debían recibir en lugar de dar. Eso era considerado una injusticia y un abuso. Volviendo al Antiguo Testamento, el salmista y el maestro de sabiduría nos dicen:

> Padre de los huérfanos y defensor de las viudas
> Es Dios en su santa morada.
>
> Salmo 68:5

> El Señor derribará la casa de los soberbios;
> Pero afianzará los linderos de la viuda.
>
> Proverbios 15:25

Salomón hace alusión en este proverbio a la instrucción dejada por Dios en la ley:

> No moverás los linderos de tu prójimo, fijados por los antepasados, en la herencia que recibirás en la tierra que el Señor tu Dios te da en posesión.
>
> Deuteronomio 19:14

Las viudas también recibían tierra como herencia para tener un lugar donde vivir y poder sentir estabilidad y seguridad. Sin embargo, podían ser objeto de engaños y perder esa heredad. Esa es la razón para la advertencia de prohibir cualquier engaño que tuviera el propósito de apropiarse de la tierra ajena.

Dios también da instrucciones muy claras para el sustento que debe tener el grupo de viudas, huérfanos y extranjeros en tres actividades agrícolas propias de la vida de los israelitas: segar la mies, sacudir los olivos y vendimiar la viña.

> Cuando siegues tu cosecha en tu campo y olvides alguna gavilla en el campo, no regresarás a recogerla; será para

> el extranjero, para el huérfano y para la viuda, para que el SEÑOR tu Dios te bendiga en toda obra de tus manos.
>
> Deuteronomio 24:19

Esta instrucción no solo servía para cuidar de los necesitados, sino también para que el pueblo aprendiera a ser generoso y dejara la avaricia. La gavilla era una ramita de trigo muy pequeña que era dejada o caía mientras se iba cosechando. Si se reunía lo suficiente, se podía moler para convertirla en harina y hacer pan, un alimento básico para el sustento de las familias. Al dueño de la tierra no le afectaría mucho la falta de algunas gavillas, pero haría una gran diferencia en la satisfacción de la necesidad diaria de este grupo. Quizás no era una gran provisión que les permitiera almacenar trigo por mucho tiempo, pero era suficiente como para saber que Dios les daba el pan diario. Esta es la misma forma en la que Dios actuó con los israelitas durante los cuarenta años en el desierto, proveyendo cada día el alimento que necesitaban.

> Cuando sacudas tus olivos, no recorrerás las ramas que hayas dejado tras de ti, serán para el extranjero, para el huérfano y para la viuda.
>
> Deuteronomio 24:20

Nuevamente, la porción que se pide que dejen es pequeña, son unas ramas de olivo con suficientes aceitunas como para poder hacer el aceite que era tan necesario para diferentes usos, tanto culinarios como curativos. Lo que para el dueño no representaba una gran pérdida, para otro significaba su provisión diaria.

> Cuando vendimies tu viña, no la repasarás; será para el extranjero, para el huérfano y para la viuda.
>
> Deuteronomio 24:21

Durante la vendimia, era inevitable que mientras se cosechaba la uva, algunos frutos cayeran al suelo. Estaba prohibido por ley recoger ese fruto caído. Aquí vemos una vez más que unas cuantas uvas no afectarían al dueño del viñedo, pero serían suficientes para que los necesitados hicieran un poco de vino, bebida necesaria y útil.

Pero las instrucciones no solo estaban dadas para los tiempos de las cosechas agrícolas, sino que también determinaban un año de mayor gracia:

> Al fin de cada tercer año, sacarás todo el diezmo de tus productos de aquel año y lo depositarás en tus ciudades. Y vendrá el levita, que no tiene parte ni herencia contigo, también el extranjero, el huérfano y la viuda que habitan en tus ciudades, y comerán y se saciarán, para que el Señor tu Dios te bendiga en toda obra que tu mano haga.
>
> Deuteronomio 14:28-29

Es interesante notar cómo en la perspectiva divina se enfoca un problema humano muy duro y real, pero al mismo tiempo provee la forma en que el mismo pueblo, si obraba correctamente, podía responder a la necesidad y sostener a este grupo sin verse afectado. Hay un principio de ayuda colectiva que termina siendo beneficioso para todo el pueblo, sin que la carga sea mayor para un grupo pequeño de personas. Este es un principio que puede y debe ser aplicado en la vida de la iglesia de estos tiempos.

Podemos suplir las necesidades de hermanos en nuestras congregaciones a través de pequeños aportes conforme a la capacidad y disposición de cada uno. Debemos considerar que solemos fallar en nuestra generosidad hacia el hermano necesitado de dos formas: (1) percibimos las acciones de manera aislada; por lo tanto, lo poco que podemos dar pareciera siempre insuficiente; (2) dejamos toda la responsabilidad en los líderes de la iglesia sin sentirnos parte de la solución. Sin embargo, así como los israelitas dejaban un poco del fruto de su cosecha del trigo, la aceituna y la uva para suplir las necesidades básicas de sus viudas, lo mismo puede pasar en nuestras comunidades haciendo aportes pequeños pero constantes.

LA ENSEÑANZA DEL NUEVO TESTAMENTO

A pesar de que estas leyes debían cumplirse, muchas veces las incumplían por la dureza de los corazones del pueblo. La situación de las viudas en la sociedad durante el tiempo de Jesús tampoco era muy diferente. Por eso, la vida de ese primer grupo de hermanos que dio comienzo a la iglesia marcó una gran diferencia en el trato que le daban a sus viudas. El cuidado de las viudas es uno de los primeros ministerios descritos para la iglesia que fue tomado con mucha seriedad y compromiso:

> Por aquellos días, al multiplicarse el número de los discípulos, surgió una queja de parte de los judíos helenistas en contra de los judíos nativos, porque sus viudas eran desatendidas en la distribución diaria de los alimentos.
>
> Hechos 6:1

Vemos que se presentó una posible situación de conflicto dentro de la iglesia producto de las necesidades que se estaban presentando en este grupo de cristianos que estaba en pleno crecimiento. Los apóstoles no podían ni debían descuidar «... la palabra de Dios para servir las mesas» (Hech. 6:2). El problema radicaba en que el grupo de creyentes de la iglesia de Jerusalén iba creciendo, tanto de judíos con trasfondo griego como de judíos nativos, y entre cada uno de ellos aumentaba también el número de viudas. Sin embargo, la atención no estaba siendo la misma para los dos grupos de viudas y eso causaba malestar entre los helenistas. La queja es atendida por los apóstoles y se nombran siete diáconos, hermanos que debían tener características muy particulares para realizar una labor muy importante dentro de la vida de la iglesia.

Es evidente que la solución no era dejar de proveer para las necesidades diarias, sino organizarse de una mejor manera para que así tanto la predicación como la oración no fueran descuidadas por los apóstoles, ni tampoco la atención a las viudas por parte de los diáconos. Esta tarea de «servir las mesas» se refería tanto a la repartición de alimentos como a la administración de las finanzas; por lo tanto, la «distribución diaria» nos habla de una correcta administración de recursos. Por eso, quienes estarían a cargo debían ser de buen testimonio (v. 3), o como dicen otras versiones, ser de confianza, porque debían manejar con integridad los recursos a su disposición. También debían ser llenos del Espíritu de Dios (v. 3), porque esa actividad era parte de la obra de Dios y debía ser hecha con Su poder. Por último, debían ser varones llenos de sabiduría (v. 3), porque debían entender cómo manejar las diferentes situaciones, tanto económicas como sociales, que implicaba esta tarea.

En resumen, las acciones de estos siete hermanos incluían recoger dinero y bienes que eran contribuciones para el necesitado (Hech. 4:34,35,37; 5:2); distribuir el dinero o los bienes (Hech. 4:35); asegurarse de que la distribución fuera justa y equitativa; coordinar todos los servicios a favor del necesitado. Todas estas acciones nos muestran el equilibrio sano que debe tener toda iglesia con un ministerio fuerte de la Palabra y la oración, junto con un ministerio fuerte de misericordia al necesitado.

El énfasis que vemos en este pasaje nos permite entender que debe haber una atención intencional y seria de parte de la iglesia hacia las viudas locales que no solo implica el aspecto económico, pues puede darse el caso de que su problema no sea el sustento diario, sino la atención emocional y espiritual. Además, dentro de esta nueva realidad, una mujer viuda requiere de la orientación y el soporte en muchas áreas, principalmente al inicio de su pérdida. Ella puede tener muchas preguntas que requieren respuesta:

¿Cuáles son los compromisos legales?
¿Qué trámites debo realizar?
¿Qué situaciones particulares debo verificar que se encuentren correctas?
¿Cómo reestructuro mis finanzas? ¿Qué cambios puedo hacer?

En fin, en una sociedad y con instituciones que no van a detenerse ni justificarán la ignorancia o simpatizarán con el dolor, ¡cuánto bien le haría a la viuda tener hermanos entendidos, sabios y cercanos que la guíen y le brinden su apoyo en esos momentos!

En Santiago también encontramos otras instrucciones que relacionan nuestras convicciones con nuestro vivir práctico como creyentes:

> Si alguien se cree religioso, pero no refrena su lengua, sino que engaña su propio corazón, la religión del tal es vana. La religión pura y sin mancha delante de nuestro Dios y Padre es esta: visitar a los huérfanos y a las viudas en sus aflicciones, y guardarse sin mancha del mundo.
>
> Santiago 1:26-27

Me costaba comprender la idea de la religión pura planteada por Santiago y tal vez también les cueste a muchos creyentes. Por eso preferimos pasar estas palabras rápidamente porque la razón para esa confusión radica básicamente en el uso del término «religioso» y «religión». No veía la relación que la religión tenía con las viudas y huérfanos, sin embargo, este fue uno de los versos que Dios me mostró en este tiempo y me dio un poco más de entendimiento al respecto.

Santiago menciona tres aspectos fundamentales de una verdadera religiosidad: refrenar la lengua, actuar con misericordia y guardarse del mundo. Una vida transformada tiene que dar evidencia externa de su nueva naturaleza, por lo que la vida de fe cristiana se debe traducir en acciones de amor, porque la verdadera religión no se basa en apariencias, sino en la verdad.

La frase «si alguno se cree religioso» tiene tres posibles interpretaciones: (1) si alguno piensa que es cristiano; (2) si alguno parece ser cristiano, o (3) si alguno es contado entre los cristianos. Todas implican lo mismo y, si no es lo que parece ser, entonces es un hipócrita.

Las palabras anteriores de Santiago tienen que ver con esas acciones prácticas que demuestran la verdadera espiritualidad o religiosidad cristiana. Si no hay un dominio de sí mismo en cuanto a la lengua, esa persona solo se está engañando. Una vez que Santiago nos ha mostrado que una falsa religiosidad solo nos hace creer que estamos cerca de Dios cuando en realidad nos encontramos lejos de Él, entonces nos muestra que una verdadera religión, pura e incontaminada, se traduce en acciones de amor hacia los huérfanos y las viudas.

Ya hemos visto cómo Dios establece leyes que protejan a las viudas, a los huérfanos y a los extranjeros y, al mismo tiempo, castiga todo tipo de opresión hacia ellos. Santiago llama a los cristianos a mostrar ese amor cristiano al «visitarlos en su aflicción», pero esa visitación va más allá del acompañamiento innegable y necesario, porque tiene que ver con la provisión para sus necesidades materiales.

No debemos perder de vista que las aflicciones no son solo económicas, sino que pueden ser de todo tipo. Por ejemplo:

- Emocionales, por la soledad al no tener físicamente al esposo y padre.
- Espirituales, al tener que aferrarse a las verdades bíblicas y aplicarlas al diario vivir.
- Económicas, por todos los ajustes financieros y de estilo de vida que esta nueva etapa trae consigo.

Vivimos en un mundo caído, con cuerpos y mentes frágiles que necesitan del apoyo de esa comunidad de creyentes sensibles y activos que sepan actuar en los detalles. A Jesús no le pasa inadvertido ni un vaso de agua ofrecido al sediento como acto de adoración, porque eso revela Su carácter. Dios es santo y misericordioso, y Sus hijos debemos reflejar esas características.

Pablo le entregó a Timoteo una extensa declaración de enseñanzas sobre todo lo relacionado con el cuidado a las viudas (1 Tim. 5:3-16). También hace muchas aclaraciones que pudieron ser fruto de algunos abusos que surgieron en la dinámica ministerial de la iglesia con relación al grupo de las viudas. Veamos a continuación algunas de las enseñanzas fundamentales:

> Honra a las viudas que en verdad son viudas. (v. 3)

Pablo aborda este tema de una manera hermosa al poner en evidencia con sensibilidad la condición de aquellas viudas que están completamente solas y no tienen a quién recurrir. Lo primero que menciona es la actitud que debemos tener hacia las viudas. La «honra» no solo tiene que ver con el respeto, sino que el sentido que se le quiere dar es el mismo que encontramos en los mandamientos cuando leemos: «Honra a tu padre y a tu madre» (Ex. 20:12). A los hijos o nietos de viudas se los exhorta a tener una actitud de respeto acompañada del soporte económico.

La realidad es que los padres van envejeciendo y dejando de ser productivos económicamente. Empiezan a depender de los hijos para su mantenimiento, por lo tanto, la instrucción tiene que ver con apoyar a las madres viudas en sus necesidades.

Pero Pablo hace una aclaración: «que en verdad son viudas». ¿A qué se refiere? Debemos entender que estas indicaciones son para que los miembros de la iglesia cumplan con sus deberes. No se trata de un cuestionamiento del estatus social de las viudas, sino de la aplicación del soporte económico que es parte de la responsabilidad de cuidado de la iglesia.

> Pero si alguna viuda tiene hijos o nietos, que aprendan estos primero a mostrar piedad para con su propia familia y a recompensar a sus padres, porque esto es agradable delante de Dios (v. 4).

Estas instrucciones tienen que ver con la clarificación de los casos de viudas que aplican para el sostén económico por parte de la iglesia. Pablo aclara que la responsabilidad del cuidado de una viuda recae primeramente en hijos y nietos. En este caso, hablamos de hijos adultos que, aunque son huérfanos por haber perdido a uno de sus progenitores, no caen en la categoría de desprotegidos porque ya son adultos y deben encargarse de sus padres.

Solo en este versículo se hace alusión al padre y a la madre, porque las viudas son las que tienden a quedar en una situación más frágil que los viudos. Pero el mandato es claro y el centro de este es el amor y la gratitud que deben mostrar los hijos hacia sus padres, una recompensa a la vida que entregaron por sus hijos cuando ellos más los necesitaban. Finalmente, es notable que estas acciones son gratas delante de Dios, porque al Señor nada le pasa inadvertido.

> Sin embargo la que en verdad es viuda y se ha quedado sola, tiene puesta su esperanza en Dios y continúa en súplicas y oraciones noche y día. (v. 5)

La soledad de su nuevo estado hace que la viuda se vuelque hacia una dependencia total de Dios, una vida de oración y dedicación para que Dios sea su única fuente de consuelo, satisfacción y esperanza. Ana es un gran ejemplo de una viudez consagrada a Dios:

> Y había una profetisa, Ana, hija de Fanuel, de la tribu de Aser. Ella era de edad muy avanzada, y había vivido con su marido siete años después de su matrimonio, y después de viuda, hasta los ochenta y cuatro años. Nunca se apartaba del templo, sirviendo noche y día con ayunos y oraciones.
>
> Lucas 2:36-37

Ella pudo haber vuelto a casa de su padre o de sus suegros al haber enviudado tan joven. Allí hubiera encontrado refugio, cobertura económica y social e incluso la ley le permitía volver a casarse sin ser juzgada por ello. Sin embargo, decidió tener una vida de consagración espiritual más que de bienestar personal.

Su decisión confronta, porque supo percibir sus circunstancias desde una perspectiva más divina que humana, aunque haya significado para ella muchos años de vida sin muchos recursos. Ana aparece justo después de que Jesús fuera presentado en el templo y ella fue testigo de ese evento maravilloso. No creo que me equivocaría al decir que sus días debieron ser difíciles y muy limitados, pero su fe le hizo ver algo que muy pocos presenciaron y que fue el cumplimiento de un anhelo que atesoró en su corazón por muchos años.

La vida de Ana no es motivo de reflexión solo para una mujer que ha quedado viuda, sino también para su entorno. ¿La presionan para que vuelva a casarse pensando en una acción que asegure su futuro? ¿La alientan a vivir una vida que dependa de Dios? ¿La apoyan cuando ha decidido tener una vida dedicada a Dios?

> Pero la que se entrega a los placeres desenfrenados, aun viviendo, está muerta. (v. 6)

Existe un contraste muy grande cuando vemos que la reacción a la viudez es llenar el vacío emocional y espiritual con los placeres de este mundo. Es cierto que una mujer que pierde a su esposo y no tiene una relación personal con Dios puede encontrar una libertad muy peligrosa y engañosa en su nueva condición. Ella puede empezar a llevar una vida sin las restricciones o limitaciones que pudo tener estando casada, pero claramente la Biblia nos dice que la razón para actuar de esa manera es que ella está muerta espiritualmente. Lo que más necesita es un Salvador personal.

> Que la viuda sea puesta en la lista solo si no es menor de sesenta años, habiendo sido la esposa de un solo marido, que tenga testimonio de buenas obras; si ha criado hijos, si ha mostrado hospitalidad a los extraños, si ha lavado los pies de los santos, si ha ayudado a los afligidos y se ha consagrado a toda buena obra (vv. 9-10).

Esta sección menciona otras características de las viudas para ser consideradas para el sostenimiento de la iglesia. Son cualidades que ella demostró desde antes de su viudez y reflejan un carácter cristiano. Es un testimonio que habla de fidelidad en el matrimonio, compromiso en la educación de sus hijos y un corazón hospitalario y servicial hacia los santos y los que padecen aflicción.

Recorrer todos estos pasajes y descubrir su riqueza junto con el corazón amoroso del Señor para con las viudas era más aliento para mi alma que un ejercicio intelectual. Estos pasajes me ayudaron a tener la convicción de que, en medio de mis dudas, preguntas y cuestionamientos, Dios mismo nos iba a proteger y a sostener. El mundo es difícil porque está lleno de engaño y de personas malvadas y sin temor de Dios. El Señor sabía que desconocíamos muchas cosas y hasta podíamos ser ingenuos, pero Él iba a estar presente para protegernos de tomar malas decisiones por ignorancia, librarnos de los engañadores que quisieran ponernos tropiezo y protegería nuestras salidas y entradas de muchas formas que no sabíamos.

Mucha de esa protección vendría a través de las vidas de hermanos en la fe. Con toda sinceridad buscamos su consejo, reconocimos nuestra necesidad de la experiencia de muchos de ellos en diferentes áreas y con su compañía fuimos dando pequeños y luego grandes pasos en esta nueva etapa de nuestras vidas.

También veríamos la mano de Dios en Su provisión y sustento de formas que no habíamos visto antes. Mientras los días iban pasando, se hacía más manifiesta la bondad de Dios. Si Él había movido el corazón de la iglesia para sostenernos en el tiempo de la enfermedad, Él también tendría el control de todo lo que estaba por venir.

Sin embargo, a pesar de que no podía negar esa realidad, no debía dejar que la ayuda de los hermanos fuera toda la verdad. Si pensaba así, estaba dejando fuera de la ecuación algo muy importante que, si lo dejaba fuera, ninguna otra cosa podría funcionar. Debía volver al fundamento, recordar quién era yo no solo por mis circunstancias, mi dolor o ni siquiera por mi nuevo estatus legal, sino de acuerdo con lo que Dios había determinado.

UNA HIJA DE DIOS

Una de las verdades más importantes para el creyente es saberse hijo de Dios. Yo había experimentado la partida de mi padre trece años atrás. La tristeza que dejó su ausencia fue muy grande, dolorosa y muy difícil de asimilar porque fue un gran padre y lo quise mucho. En esa época entendí más claramente (porque mi corazón necesitaba creerlo) que Dios como mi Padre nunca me dejaría y nada podría arrebatarme de Su mano. Esta realidad no se debía a que yo fuera especial o hubiera hecho algo para merecerlo, sino simplemente a que Él así lo había determinado:

> Aunque mi padre y mi madre me dejaran,
> con todo, Jehová me recogerá.
>
> Salmo 27:10, RVR60

Cuando me enfrenté a la viudez, tanto mi papá como mi mamá ya habían partido con el Señor y por eso, de una forma muy personal, podía aferrarme a este versículo creyendo que, por sobre cualquier relación, Dios me tenía en Sus manos.

Cualquier relación que podamos tener en esta tierra, por más buena y fructífera que sea, siempre va a ser pasajera. La muerte es inevitable, va a interferir en nuestros roles y de un momento a otro nos llevará a una posición inesperada. Dejamos de ser padres si perdemos a los hijos; dejamos de ser hijos cuando perdemos a los padres; dejamos de ser esposas cuando perdemos a nuestros esposos. Así sucede con todas nuestras relaciones. Sin embargo, esta realidad no debiera ser desalentadora. Dios es misericordioso cuando a lo largo de nuestra vida nos concede funcionar en diferentes roles, cultivar relaciones y aprender de ellas, honrándolo y buscándolo a través de cada una de ellas. Sin embargo, ninguna relación puede ni debe reemplazar a la única relación que es perdurable: nuestra relación con nuestro Dios y Padre. La eternidad de Dios nos da la certeza de que nunca nos apartaremos de Él.

> ¿Quién nos separará del amor de Cristo? ¿Tribulación, o angustia, o persecución, o hambre, o desnudez, o peligro, o espada? Tal como está escrito:
> «Por causa Tuya somos puestos a muerte todo el día;
> Somos considerados como ovejas para el matadero».
> Pero en todas estas cosas somos más que vencedores por medio de Aquel que nos amó.

> Porque estoy convencido de que ni la muerte, ni la vida, ni ángeles, ni principados, ni lo presente, ni lo por venir, ni los poderes, ni lo alto, ni lo profundo, ni ninguna otra cosa creada nos podrá separar del amor de Dios que es en Cristo Jesús Señor nuestro.
>
> Romanos 8:35-39

La respuesta de Pablo a quién (no qué) nos podrá separar del amor de Dios incluye todas aquellas circunstancias humanas y espirituales que podríamos imaginarnos. Lo primero que menciona son la tribulación o la angustia. El apóstol cuestiona que sea una razón que nos separe de experimentar el amor de Dios. Sin embargo, en los momentos de angustia es cuando llegamos a sentir profundas emociones de soledad, de miedo y desesperanza. ¿Por qué el Espíritu Santo inspiró a Pablo a este orden de la lista? Quizás porque necesitábamos recordar que estas situaciones de aflicción pueden llevarse muchas cosas, pero nunca la presencia de Dios de nuestras vidas.

Las situaciones externas de escasez o peligro tampoco nos pueden separar de ese amor divino. Pablo lo sabía muy bien porque lo experimentó, y sus cartas nos dejan ver que en su corazón no había dolor ni resentimiento hacia Dios, sino, por el contrario, encontró inspiración para llevarnos al gozo en medio de la aflicción. Luego están las situaciones sobre las que no tenemos control, ¿quién puede determinar el día de su muerte o de su nacimiento? Nadie, solo Dios. Tampoco el mundo espiritual que no vemos, pero sabemos que existe, nos separa del Señor. Por si esto fuera poco, termina sus grandes afirmaciones, dejando muy claramente asentado que ninguna cosa creada nos podrá separar del amor de Dios.

Tal vez cueste armar una respuesta lógica en nuestra mente para tales afirmaciones, pero debemos creer que Dios afirma que Su amor hacia nosotros tiene un sello de garantía eterna en la persona de Su Hijo Jesús.

Las pérdidas de seres queridos tienen el efecto de dejar una sensación de vacío que no es de extrañar porque en nuestra realidad humana algo se perdió, alguien ya no está, pero debemos tener mucho cuidado de no dejarnos llevar por un hilo de pensamiento que nos lleve a concluir que lo que perdimos fue la gracia, la soberanía o el poder de Dios. Sentimos esas pérdidas por la situación dolorosa que vivimos, pero la certeza de las palabras inspiradas por Dios de Pablo marcan la diferencia entre un corazón que alberga resentimiento y amargura hacia Dios, de un corazón que acepta Su obrar como bueno y válido aun cuando se encuentre en dolor.

Es muy esperanzador para el alma afligida saber que Dios es nuestro Padre, que nunca nos va a fallar, nunca va a faltar, Sus oídos no se van a cerrar a nuestras pocas o muchas palabras y que espera que vayamos a Sus pies en ese lugar secreto donde podamos encontrar la gracia, la paz, la fortaleza y la esperanza que solo Él nos puede brindar en los momentos más difíciles y oscuros de nuestras vidas.

Capítulo 10

DESPUÉS DE LA TORMENTA… MÁS TORMENTA

Confíen en el Señor para siempre,
porque en Dios el Señor, tenemos una roca eterna.

Isaías 26:4

Era innegable que esas semanas habían sido intensas para nuestra familia desde el momento en que recibimos la noticia de la enfermedad. Estábamos drenados emocional, física y espiritualmente. Ese tiempo es como una obra musical cuya intensidad de las notas va en aumento, anunciando la llegada del clímax, para luego empezar un descenso que la lleva al desenlace.

Habíamos pasado por todas las etapas de este proceso y ahora entrábamos a los últimos detalles que implicaban hacer su última preparación, sus últimos arreglos y su último adiós. Todo resultaba tan demandante y difícil de cumplir, pero no había escape. Era el curso que tomaban las cosas, era lo que se suponía que debíamos hacer. Para su última despedida preparamos lo que sería su memorial, pensado como un tiempo de consuelo para los que nos quedamos, porque sabíamos que Danilo ya estaba en la presencia de Dios. Lo llamamos el momento de su graduación porque había terminado bien su carrera y era el momento de reconocer y dar gracias a Dios por su vida y su legado.

El apoyo y el amor de cada uno de los hermanos hizo que viviéramos ese momento en familia. ¡Cuán importante fue sentir esos abrazos, esas palabras, esa presencia! Solo pudimos decir: ¡Gracias, Señor, por cada uno de ellos y la forma en que los usaste para bendecirnos!

Pero pasó esa noche tan significativa y emocionante. Ahora sí era verdad que empezábamos a vivir una nueva realidad de la que todavía no teníamos idea de lo que traería consigo, así como no sabíamos cómo resultarían los días que estaban por venir. Cada día que pasaba se hacía más duro y, si pensábamos que el día anterior había sido difícil, encontrábamos que el nuevo día iba a serlo aún más. ¿Estaba Dios en medio de nosotros? Sí que lo estaba y era el único que podía entender nuestro dolor y recibir nuestras lágrimas. Solo Él empezaría a poner en orden nuestras vidas, que de un momento a otro lucían sin rumbo, sin dirección y sin claridad.

Teníamos un largo camino por recorrer y así como el ciego se deja guiar por aquel que tiene vista, así también nos sentíamos nosotros en medio de la oscuridad, clamando para que Dios aclarara nuestros pasos, nos diera salida a tantas situaciones que nos cayeron de golpe y nos diera sabiduría para tantas otras que empezaron a surgir. Todo eso sucedía mientras lidiábamos con nuestra pérdida y aprendíamos a vivir cada día sin la presencia de Danilo. Era él quien promovía las risas, quien con sus ocurrencias y su forma de ser tenía a nuestra familia siempre unida. Su ausencia se sentía profundamente en cada detalle de nuestra vida cotidiana.

Nos vimos de repente tomando el timón de un barco que no conocíamos, tratando de mantenerlo a flote en aguas que nos eran desconocidas. Fue como sentirnos lanzados al agua sin preparación ni previo aviso, sin ayuda y casi sin compañía. Estábamos tratando de entender cosas que nos eran ajenas, tomando decisiones sobre temas que hasta hacía apenas unos días atrás no eran de nuestra incumbencia, descubriendo situaciones de las que no teníamos conocimiento. ¡Todo un mundo que nos exigía que lo entendiéramos y que siguiéramos a su ritmo, pero cuán difícil se hacía!

Por más que queríamos que la carga se sintiera liviana, pesaba demasiado sobre nuestros hombros. En realidad, no solo debíamos aprender a lidiar con cosas nuevas, sino también a depender de Dios de una forma que tal vez no lo habíamos hecho antes. Nuestra certeza era que no nos había desamparado y que Él estaba actuando en medio de la desesperación y el temor. Dios nunca iba a dejar de ser quien decía que era, ni de hacer lo que había dicho que haría.

> De la misma manera, también el Espíritu nos ayuda en nuestra debilidad. No sabemos orar como debiéramos, pero el Espíritu mismo intercede por nosotros con gemidos indecibles.
>
> Romanos 8:26

¡Cuán pequeño puede uno sentirse cuando el mundo se viene encima! ¡Cuán reales se sentían ahora las emociones humanas de miedo, soledad, incertidumbre, dolor y tristeza! ¿Por qué Dios nos dejaba experimentar todas esas inquietudes de una manera tan intensa? ¿Por qué el corazón se hacía tan pequeño que parecía que iba a explotar al no poder contener todas esas emociones? ¿Por qué fuimos diseñados así?

Nosotros no éramos los únicos que nos sentíamos así en momentos de angustia. Al mirar las Escrituras, se hicieron más cercanas muchas historias, donde podía ver a los personajes bíblicos como hermanas y hermanos que, aunque eran de otras épocas y circunstancias, me enseñaban lo que habían vivido. Nos encontramos con Ana, quien sería la madre de Samuel. Ella experimentó una tristeza tan profunda por no tener un hijo para entregar a su Dios que se quedaba sin palabras, sin aliento, sin deseos de comer, casi sin esperanza (1 Sam. 1–2). Todo su ser estaba comprometido con su pena, todo en ella vivía la realidad de ese momento de carencia y necesidad. La verdad es que nuestro cuerpo sufre lo que sufre nuestra alma.

Al día siguiente, después del memorial, nuestros cuerpos se sentían como si hubieran corrido un maratón, como si acabasen de pasar por un duro y prolongado entrenamiento físico y cada músculo dolía, pesaba y se sentía cansado. Caminar, pensar o hacer cualquier pequeño movimiento requería de un esfuerzo extra; nada podía considerarse demasiado simple para nosotros en esos momentos. Solo el tiempo iría renovando las fuerzas mermadas hasta ese momento, y las oraciones serían parte del instrumento que Dios usaría, así como lo hizo con el salmista:

> El día que clamé, me respondiste;
> Me fortaleciste con vigor en mi alma.
>
> Salmo 138:3, RVR60

GRACIA DIVINA

Definitivamente, el ser humano no está diseñado para vivir fuera de la gracia y la mano de Dios. Nuestras limitaciones son la evidencia de la gran necesidad que tenemos de un Dios más grande que todo lo que estemos viviendo y que nos provee la certeza de que estamos escondidos en Él. Sin un entendimiento bíblico de la presencia de Dios en medio de nuestras situaciones difíciles, no seríamos capaces de salir a flote en nuestras propias fuerzas.

> Porque en el día de la angustia me esconderá
> en Su tabernáculo;

En lo secreto de Su tienda me ocultará.
Sobre una roca me pondrá en alto.

Salmo 27:5

Pablo entendió muy bien esa realidad. Él clamaba para que Dios le quitara una condición física que lo afligía, de la cual no hay consenso sobre su naturaleza. Sin embargo, el apóstol que había sido usado grandemente para bendición y liberación de muchos, sufría un quebranto físico por el que pedía su remoción, porque ¿quién quiere vivir en medio del dolor cuando hay una posibilidad de mejoría? ¿Quién puede pretender solo manejar su dolor si se puede eliminar por completo?

La respuesta de Dios a Pablo es la respuesta para todo aquel que vive una aflicción: «Te basta Mi gracia, pues Mi poder se perfecciona en la debilidad» (2 Cor. 12:9). No es una sugerencia, sino una afirmación contundente. No hay posibilidad de negociación, porque fue dicha por Aquel que sostiene el mundo en Sus manos, por quien ordenó el mundo con el poder de Su palabra. El entendimiento de Pablo de esta verdad también es sorprendente:

> Por tanto, con muchísimo gusto me gloriaré más bien en mis debilidades para que el poder de Cristo more en mí.
>
> 2 Corintios 12:9

Pablo pudo ver algo que muchos no perciben: sus debilidades eran un medio para que el poder de Cristo se manifestara. Dios no ve el sufrimiento de Sus hijos como algo sin propósito, sino como una forma de que Su nombre sea glorificado, nuestras vidas sean santificadas y la imagen de Su Hijo Cristo sea cada vez más evidente en nuestras vidas.

«Tu gracia es suficiente», dice un hermoso himno, y esas palabras señalan que allí está la fortaleza del creyente. Dios mismo extiende Su gracia inmerecida y nos permite ver

Su poder obrando en medio de nuestra debilidad. El obrar de Dios en la aflicción une dos realidades: (1) la divina, extendiendo Su gracia; y (2) la humana, siendo fortalecida por esa gracia. ¿Podemos comprender esa doble realidad con nuestra mente humana? No, debe percibirse con los ojos de la fe. Para que nuestro corazón no se desaliente o no caigamos en el pozo de la desesperación, necesitamos creer que la gracia de Dios nos sacará y nos llevará a verdes pastos.

Mientras estemos en medio de la tormenta, no se podrá vislumbrar la calma ni la orilla que hay del otro lado del lago. Los discípulos lo vivieron en más de una ocasión. El viento agitando el mar con un sonido estremecedor; el agua llenando las débiles embarcaciones que se mecían sin control; hombres empapados, debilitados y angustiados porque no podían contener la fuerza de la naturaleza. A pesar de que estaban acostumbrados a los desafíos del mar, esa tormenta iba más allá de lo que antes habían experimentado. No era posible ni lógico en términos humanos que ellos simplemente se sentaran y esperaran que todo pasara. Ellos eran hombres acostumbrados a enfrentar ese mar, pero sus corazones tuvieron temor, lo que sus ojos veían no era alentador y probablemente en sus mentes ya estaban dándose por perdidos. Pero Jesús no los perdió de vista en ningún momento. Él no solo iba a traer la calma en la tormenta externa, sino la paz en la tormenta interna que estaba sacudiendo a cada uno de ellos.

Durante esos días de aflicción, dolor e incertidumbre, los versos del Salmo 23 cobraron vida como nunca antes en mi realidad. Un salmo preferido y conocido por mucha gente, tanto creyente como no creyente, y que mis hijos lo aprendieron de memoria a muy tierna edad, ahora se convertía en palabras poderosas que daban esperanza y aliento a mi alma y mi mente.

El Señor es mi pastor,
Nada me faltará. (v. 1)

La figura de Dios como mi Pastor me hablaba de la protección que necesitábamos sentir en esos momentos, el vernos como una oveja indefensa que tiene un pastor que la cuida, protege y vela para que no le falte nada. La oveja no puede anticipar lo que necesita y quizás no sepa ni dónde buscar, pero el pastor sí lo sabe, y esa era una hermosa verdad en esos momentos difíciles de nuestras vidas. Dios nos estaba confirmando Su cercanía y Su provisión.

> En lugares de verdes pastos me hace descansar;
> junto a aguas de reposo me conduce (v. 2).

Descanso y reposo eran dos necesidades muy intensas en esos momentos. En nuestra lógica y nuestras fuerzas eran difíciles de conseguir. La condición en la que estábamos reflejaba todo lo contrario en todo sentido, tanto emocional, como física y mentalmente. Sin embargo, en medio del caos y de una forma misteriosa, Dios proveía descanso y reposo: agua y pastos, los dos elementos básicos para la subsistencia de una oveja. Por lo tanto, Él sabía lo que nosotros también necesitaríamos.

> Él restaura mi alma;
> me guía por senderos de justicia
> Por amor de Su nombre (v. 3).

Dios mismo prometía restaurar nuestras vidas, pero no porque lo mereciéramos, sino porque era parte de Su amor. Aquello que había perdido, aquello que necesitaba mi alma, aquel vacío tan profundo, Dios podía convertirlo en algo nuevo, aunque en mi limitada forma de ver las cosas no podía entender cómo lo haría. Esta nueva vida que se abría para nosotros venía con más preguntas que respuestas, pero Dios mismo nos llevaría por nuevas sendas y debíamos confiar plenamente en Su forma de hacerlo. Su nombre estaba comprometido en esa promesa de restauración.

> Aunque pase por el valle de sombra de muerte,
> No temeré mal alguno, porque Tú estás conmigo,
> Tu vara y Tu cayado me infunden aliento (v. 4).

Este valle se había prolongado y sabíamos que todavía nos tomaría un buen tiempo terminar de atravesarlo. Aunque sí tuvimos temor y hubo momentos en los que nos sentíamos totalmente sin seguridades ni certezas, este verso comenzó a ser de aliento. No íbamos a temer ningún mal porque Dios estaba con nosotros y nos iba a alentar a seguir adelante, Su vara y Su cayado nos mantendrían alejados de nuestros caminos y nos encaminarían por los suyos, al mismo tiempo que no nos dejarían quedarnos estancados.

Tú preparas mesa delante de mí en presencia
de mis enemigos;
Has ungido mi cabeza con aceite;
Mi copa está rebosando (v. 5).

No podría decir que teníamos enemigos, pero sí personas que no conocíamos y con quienes debíamos tratar asuntos desconocidos para nosotros. Cada reunión que debíamos enfrentar, cada situación a la cual había que darle seguimiento, ya fuera legal o laboral era un gran reto, pero vimos la provisión de Dios y Su cuidado a través de la vida de un hermano en particular, quien decidió no solo caminar a nuestro lado en esas circunstancias, sino ser el instrumento que Dios usó para animarnos a ver que las cosas irían mejorando con el paso de los días.

Ciertamente el bien y la misericordia me seguirán
todos los días de mi vida,
Y en la casa del Señor moraré por largos días (v. 6).

Siempre estará la promesa de que la bondad y la misericordia no se apartarán de nosotros en esta vida y además tenemos la certeza de una vida eterna. La realidad de una vida aquí y ahora, y la esperanza de una eternidad con Dios son más que suficientes para atravesar las dificultades de la vida.

SEGUNDA PARTE

LA CARRERA CONTINÚA

Capítulo 11

CÓMO SEGUIR ADELANTE

Por la mañana hazme oír Tu misericordia,
Porque en Ti confío;
Enséñame el camino por el que debo andar,
Pues a Ti elevo mi alma.

Salmo 143:8

Todos sabemos que la vida no se detiene y eso lo fuimos aprendiendo de una manera muy real y personal, de acuerdo con el trato que el Señor iba teniendo con cada uno de nosotros. Éramos una familia, pero cada uno llevaba su propia lucha y un proceso muy personal.

Todos entienden que el mundo sigue su curso después de la pérdida. Generalmente, cuando estamos montados en ese tren donde todo funciona, que tiene una estructura y una rutina y los imprevistos son manejables, nos cuesta comprender lo difícil que puede ser mantenernos en ese ritmo. Pero ahora nos había tocado a nosotros tener que correr detrás del tren de la vida que parecía alejarse más rápido de lo que podíamos movernos.

Nos tocaría sostener una de las luchas más fuertes que todo creyente puede tener: la de su fe y la de su visión terrenal.

La primera nos recuerda la soberanía y la gracia de un Dios bueno, que no abandona a Sus hijos; la segunda nos muestra lo duro y real que podía ser el vacío de una pérdida y la incertidumbre del futuro.

Había momentos cuando parecía que las emociones ganaban terreno, pero Dios no nos dejaba y nos recordaba formas muy palpables en las que estaba a nuestro lado enseñándonos, abriendo camino y permitiendo que pudiéramos avanzar. La permanencia de Dios nos llevaba a creer lo que el salmista decía a pesar de estar en medio de esa situación tan dolorosa:

El Señor cumplirá Su propósito en mí;
Eterna, oh Señor, es Tu misericordia;
No abandones las obras de Tus manos.

Salmo 138:8

Si en algún momento creyéramos que Dios nos ha desamparado, esa desolación sería peor que la muerte misma.

Continuar con la vida no fue fácil, y las primeras decisiones tomadas y los pasos que fuimos dando iban marcados por un profundo dolor que solo el Señor podía conocer y aliviar. Una de las áreas más difíciles que nos tocó enfrentar y que solo puede comprender aquel que ha estado ahí fue reintegrarnos a todo lo que implicaba la vida de iglesia, socializar nuevamente en cada uno de nuestros grupos pequeños y volver al grupo de parejas después de haber perdido la mía. El solo hecho de ir a la iglesia, entrar al templo físico para congregarnos con los hermanos era ya una lucha para nosotros. Entrábamos y teníamos siempre un saludo breve que no reflejaba la lucha real que estábamos viviendo en nuestro interior, porque muchas veces no teníamos la confianza de decir simplemente que no estábamos bien. Algún tiempo después encontré una canción cuya letra del coro expresaba lo que realmente hubiéramos querido decir en esos momentos:

Tal vez está bien si no estoy bien,
porque Aquel que sostiene el mundo me está sosteniendo.
Tal vez está bien si no estoy bien,
porque Aquel que sostiene las estrellas
está sosteniendo mi vida.[1]

UNA VERDAD PROFUNDA EXPRESADA EN PALABRAS MUY SENCILLAS

Cada pequeño paso implicaba un gran reto y esfuerzo emocional debido a que estábamos llenos de recuerdos que giraban alrededor de la iglesia. Nuestra dinámica familiar había estado muy ligada a la vida de iglesia. Incluso quisimos al inicio cambiar el lugar donde solíamos sentarnos habitualmente, pero al final volvimos a ocupar las mismas sillas de siempre, aunque nosotros ya no éramos los mismos. Estábamos físicamente allí, en obediencia y reconociendo esa gran necesidad de que el Señor pudiera seguir obrando en nosotros, pero también soy sincera al decir que nuestras mentes y nuestros corazones estaban muy cargados, y solo la obra del Señor con el pasar del tiempo iría cambiando esa sensación.

Muchas veces, cantábamos las alabanzas con lágrimas, no solo por la verdad y la esperanza expresadas con tanto acierto en sus letras, y a las cuales nuestra alma necesitaba aferrarse, sino por lo que representaban para nosotros como familia. Eran canciones que en otro tiempo habíamos cantado con alegría como parte de nuestros tiempos familiares, pero ahora eran la ofrenda de un corazón rendido y necesitado de consuelo y fortaleza.

Poco a poco tuvimos que ir reestructurando nuestras vidas desde el mismo lugar donde estábamos. Pasar por la

---

1. *Maybe it's Ok* [Tal vez está bien], por We are Messengers. Power +, © 2020 Curb | Word Entertainment.

dinámica de ir creando nuevos recuerdos sin que los anteriores se olviden o causen dolor es algo que solo se puede hacer por la gracia divina. Cada persona tiene un proceso propio que muchas veces no es comprendido ni aceptado. Se trata de algo que ocurre en el interior y por eso puede ser que, aunque la imagen en el espejo refleje a la misma persona, la verdad es que nadie queda igual luego de una pérdida significativa en su vida. Las palabras del salmista resonaban con fuerza en nuestra experiencia diaria:

El Señor dice:
Yo te instruiré,
yo te mostraré el camino que debes seguir;
yo te daré consejos y velaré por ti.

Salmo 32:8, NVI

Había un mundo desconocido con demasiados retos por delante, pero tener la certeza de que Dios nos iba a guiar, enseñar y cuidar nos hacía una gran diferencia en este nuevo caminar.

Capítulo 12

LAS PRIMERAS FIESTAS

El Señor irá delante de ti; Él estará contigo, no te dejará ni te desamparará; no temas ni te acobardes.

Deuteronomio 31:8

Ya les he mencionado que, mientras nosotros tratábamos de estar de pie y mantenernos a flote en nuestra nueva realidad, el mundo seguía su curso y tan solo en unos pocos días teníamos que enfrentar fechas que en años anteriores habían sido motivo de gozo y celebración, pero que ahora tenían un sabor amargo profundo: el cumpleaños de Danilo, el día de Acción de Gracias y las festividades navideñas. Todo se venía en un par de semanas.

Estos eran momentos que tenían mucha carga emocional porque eran celebraciones familiares muy esperadas. Por más que nuestro deseo hubiera sido saltarlos, borrarlos del calendario, igual debíamos enfrentar cada uno de ellos, como muchos de los eventos que vendrían por delante. Vivimos cada uno de esos momentos entre lágrimas, recuerdos y esfuerzos sinceros por pasar esos días de una forma que honrara a Dios. Todo eso es parte del duelo al tener que atravesar fechas importantes con la ausencia de la persona amada.

Quisiera aclarar un malentendido muy común y que no debemos pasar por alto. Si bien es cierto que las primeras celebraciones sin la persona que ha partido son de las más difíciles, eso no implica que los siguientes años no sigan produciendo emociones fuertes. ¡Quién dice que basta un año para superar una celebración del día de las madres o día de los padres! ¿Para quién ha sido suficiente un solo año para ya no sentirse triste con los recuerdos de una persona amada que ya no está? Dios te ha concedido una determinada historia y el reto que tienes por delante es seguir avanzando en la vida sin olvidar al que partió, creciendo sin que el dolor de su ausencia estanque tu vida.

A veces, por querer una respuesta rápida ante el dolor, no dejamos que este proceso siga un curso saludable más largo. ¿Cuánto tiempo se requiere? Esta es una pregunta que escuché en varias ocasiones y prefiero no apresurarme a dar una respuesta con un tiempo específico, porque no estamos hablando de fórmulas, sino de vidas que están siendo sanadas, liberadas y transformadas por el Dios en quien han puesto su confianza. Cada una de estas mujeres viudas puede decir:

> SEÑOR, muéstrame Tus caminos,
> Enséñame Tus sendas.
> Guíame en Tu verdad y enséñame,
> Porque Tú eres el Dios de mi salvación;
> En Ti espero todo el día.
>
> Salmo 25:4-5

La lucha que uno tiene en su corazón es muy grande, y nosotros sentíamos sinceramente que solo Dios podía entendernos. ¿Cómo pensar en dar gracias? ¿Porque mi esposo ya no estaba con nosotros? ¡Imposible! ¿Por el difícil momento de enfermedad que tuvo que atravesar? Tampoco. Sinceramente, mi fe no daba para tener esa actitud de absoluta gratitud y entendimiento; tal vez no era lo suficientemente madura para hacerlo.

Sin embargo, aun así, decidimos que, aunque sería una Acción de Gracias sencilla, igual haríamos algo especial esa noche. Además, no estaríamos solos. En el transcurso de la tarde armamos una cena rápida e invitamos a nuestros queridos amigos y hermanos que vivían en el mismo edificio. Ellos aceptaron el reto de pasar esa noche junto con nosotros. Pero ¿cuál sería la actitud con la que vendríamos esa noche delante del Señor? ¿Cómo romper ese silencio tan incómodo? El Señor sabía lo que había en nuestras mentes y corazones y no podríamos engañarlo con palabras bonitas y ligeras, entonces decidimos buscar intencionalmente razones reales por las qué podríamos dar gracias, porque siempre las hay, solo que debíamos dejar de ver nuestra pérdida como el centro para poder apreciar las otras cosas que Dios seguía haciendo en medio nuestro.

Lo primero que reconocimos fue Su provisión económica. Todo el que ha pasado un proceso de enfermedad breve o prolongado sabe que los gastos médicos son una montaña que va aumentando sin control. Pero el Señor en Su bondad nos permitió pagar una gran suma de dinero resultante de los gastos médicos y hospitalarios de la enfermedad de Danilo y quedar sin ninguna deuda ni preocupación al respecto. El Señor estaba siendo fiel una vez más a Su promesa de que cuidaría de nosotros y sería nuestro proveedor.

Dimos gracias por Su bondad que permitía que todavía nos tuviéramos los cuatro para seguir adelante; estábamos agradecidos por Su misericordia que nos permitió pasar esa prueba tomados de Su mano y teniendo nuestra fe puesta en Él; agradecimos por Su fidelidad, porque no nos había dejado ni un solo día. Así, poco a poco, fuimos elaborando una lista con un sentido muy diferente al de años anteriores.

Era el inicio de empezar a ver y vivir la vida de una manera diferente:

> Ningún ojo ha visto,
> ningún oído ha escuchado,
> ningún corazón ha concebido
> lo que Dios ha preparado para quienes lo aman.
>
> 1 Corintios 2:9, NVI

En un sentido, las formas antiguas que teníamos para hacer las cosas debían ser cambiadas. Las costumbres tenían que encontrar un nuevo sentido y rumbo, pero eso iba a ser un proceso que, en primer lugar, implicaba que debíamos despojarnos de lo que conocíamos y asirnos de lo que no conocíamos. Los seres humanos somos de hábitos y costumbres, porque nos gusta permanecer en un terreno conocido y fácil de controlar. Lo difícil es atravesar lugares y situaciones con los que no estamos familiarizados, pero justamente son esas situaciones las que nos permiten crecer, porque nos llevan a una mayor dependencia de Dios. Él está pronto para guiarnos, pero debemos aprender a descansar en Sus manos.

La Navidad llegaría en un par de semanas y tampoco sabíamos qué íbamos a hacer. Las luces, el gentío, las ofertas en todos lados, las canciones que se escuchaban en los centros comerciales que solíamos frecuentar, los grandes tapones que se generaban en las calles a toda hora y en todo lugar eran el preludio de la llegada de esta época festiva. Si bien nunca habíamos inculcado en la familia ese tipo de espíritu navideño, vivíamos en medio de todo ese ambiente sin que nos incomodara. Pero ahora era diferente, ahora sí percibíamos cada detalle dondequiera que íbamos y solo anhelábamos poder escaparnos, salir de todo ese ambiente, porque uno se siente atrapado en una red en la que es profundamente incomprendido. Nuestra pérdida era demasiado reciente como para demostrar esas expresiones de alegría. Las sonrisas, los abrazos, las felicitaciones lucían tan distantes y tan fuera de lugar. Tratar de encajar solo hacía que la ausencia de Danilo se sintiera con mucha mayor fuerza.

Me encontraba en esa disyuntiva y sabía que mis hijos también lo estaban sintiendo. Ellos veían cómo los días pasaban y se acercaba esa noche especial. Yo era consciente de que de alguna forma debía alentarlos y decidí compartir con ellos, y ahora con ustedes, una reflexión personal que había escrito para ayudarlos a reenfocarse en ese tiempo.

¿Por qué celebrar Navidad?

¡Cómo hacer una pregunta tan obvia a tan solo unas horas de que todo el mundo celebre la Navidad! Estamos tan acostumbrados a vivirla que sabemos exactamente lo que va a pasar, la gente con la que compartiremos, la comida que prepararemos, la ropa que usaremos, los regalos que daremos y todos los correteos y afanes en los que nos veremos envueltos, haciendo filas interminables tratando de ganar al tiempo en días que parecen mucho más cortos.

Siempre mi primera respuesta cuando alguien preguntaba sobre la Navidad era poner el énfasis en la familia, la alegría y la bendición que uno tiene de compartir con ella. Las veces que pudimos volver a nuestro país para compartir con nuestros padres y nuestros hermanos eran oportunidades muy especiales que nos concedió el Señor. Como creyente me había conformado con la respuesta de que, aunque históricamente esa no era la fecha del nacimiento del Mesías y todas las costumbres que teníamos eran más de un trasfondo pagano que cristiano, pues simplemente era un tiempo de regocijo familiar y agradecimiento por la bendición de tenerlos con nosotros.

Sin embargo, este año fui seriamente confrontada con la verdadera razón de celebrar la Navidad, ya que la situación lucía tan diferente. Dios había orquestado que mi amado esposo por veintitrés años y padre amoroso, hubiera partido con el Señor hacía apenas dos meses, dejándonos con un dolor y un vacío que Dios iría trabajando en nosotros.

Este año para nosotros ya no habría «esa» familia, ni tampoco decoraciones o regalos, ni siquiera la comida que estaba acostumbrada a preparar y que era tan esperada por mis hijos. La palabra Navidad comenzó a sonarnos como algo doloroso, una fecha que hubiéramos querido evadir. Ya no contábamos los días con la emoción de ver que cada vez faltaba menos para la celebración, sino que veíamos con tristeza que sería inevitable que llegara esa noche.

Fue entonces, tan solo un par de días antes, que me di cuenta de que no tenía clara la razón de esta celebración. De alguna forma tenía que dejar de ver la figura que siempre había visto, dejar las luces y el ruido para recordar que la Navidad no se trata de mí o de mi familia, sino que se trata de Dios y Su plan redentor. Es la celebración de Su amor por la humanidad hasta el punto de enviar a Su Hijo unigénito para venir a este mundo a traer salvación a todo aquel que cree en Él porque estamos separados de la gloria de Dios. Se trata de un amor expresado a través de un bebé en un pesebre, un Cristo crucificado en un madero y una tumba vacía.

Tal vez aquel año faltaban muchas cosas que antes disfrutábamos, tal vez todavía había mucho dolor en nosotros, pero aún había motivos para celebrar. Un día Dios nos envió Su Hijo para salvación, y ese regalo, ese don no puede ser minimizado por nuestra pena o nuestras circunstancias. Celebremos con fe y esperanza aquello que nunca dejará de ser, centremos nuestra mirada en la razón de esta fecha y pongamos nuestro corazón en el regalo divino.

Oramos para que Dios nos diera la fortaleza y la fe para verlo a Él en esta celebración, para que Su amor nos guardara de la sensación de vacío que teníamos. Sabía que las palabras podían sonar correctas, pero el trabajo en nuestras mentes y nuestros corazones tomaría un tiempo más prolongado que en ese momento no conocía. Sin embargo, estábamos dando un primer paso.

Una forma diferente de expresar lo que significa atravesar por ese primer año es a través de una porción de la letra de esta canción que habla de la fidelidad del Señor en esos momentos de dolor.

> Ha sido un año largo, y juro que casi desfallezco.
> La vida era muy buena,
> no estoy seguro si sabíamos lo que teníamos.
> Pero cuando mi mundo se quebró en pedazos
> Estuviste allí fielmente.
> Cuando clamé,
> Jesús, hiciste un camino para mí.
> Puede que no sea el mismo hombre,
> pero soy un hombre que todavía cree.
> Cuando clamé, Jesús,
> Estuviste allí fielmente.
> En mis horas más oscuras me encontraste.
> Dijiste que nunca me dejarías,
> y mantuviste tu palabra».[1]

---

1. Toby Mac, *Faithfully*. Life After Death, 2022, ForeFront Records.

Capítulo 13

CASARSE NUEVAMENTE

Porque Yo sé los planes que tengo para ustedes…

Jeremías 29:11

La vida ha ido tomando un nuevo curso con el transcurso de los años. Nuevas rutinas se han ido creando y nuevos recuerdos se han ido formando. Al Señor le plació concedernos como familia la bendición de ver etapas cumplidas. Estuvo con nosotros en las graduaciones de colegio y universidad de mis hijos, en la boda de mi hija mayor y en la llegada de una nueva integrante de la familia.

A pesar de que todos estos eventos fueron motivos de gran celebración, también nos hicieron derramar lágrimas por la ausencia tan evidente de la presencia de Danilo, su papá. Pero el Señor nos ha seguido sosteniendo y mostrando Su gracia. La noticia de la bebé y su llegada a la familia es solo una muestra de que Dios ha estado en medio nuestro. Ciertamente, el Señor ha sido bueno y mi alma lo sabe muy bien.

El caminar en muchos sentidos se ha hecho más ligero y puedo decir con toda certeza las palabras del salmista:

El Señor es mi fuerza y mi escudo;
En Él confía mi corazón, y soy socorrido;
Por tanto, mi corazón se regocija,
Y le daré gracias con mi cántico.

Salmo 28:7

Han surgido nuevos retos y oportunidades como parte de la vida, pero hay una pregunta que me hacen y sigue en el aire: «¿Te volverás a casar?». Algunas veces me la han hecho directamente, en otras he notado cómo trataban de que la conversación llegara a ese punto, aunque no de forma directa. La realidad es que toda viuda en algún momento de su vida tiene que evaluar la posibilidad de dar o no ese paso, ya sea porque alguien se lo ha preguntado o porque se trata de una inquietud muy personal que surge por diferentes razones. Aunque la pregunta puede parecer muy simple, esconde una situación más compleja y sensible.

La verdad es que la decisión de casarse nuevamente llega a ser muy personal y nadie debiera juzgar lo que una mujer ha decidido al respecto. Para muchas tampoco es fácil empezar a pensar en esta posibilidad, porque al principio pueden sentirse embargadas por un sentido de culpa al pensar que están traicionando a un esposo que ya no está al albergar el anhelo de poder volver a encontrar la felicidad en un matrimonio. Otras viudas pueden sentir la presión bastante grande de un entorno que cree entender que debe seguir con su vida. No sabe exactamente cómo reaccionar ante esa presión, aunque en su interior entiende que necesita más tiempo para tomar una decisión de esa naturaleza.

Yo entiendo que el llamado de Dios para mi vida es no casarme nuevamente, aunque sé muy bien que eso implica vivir un tipo de soledad y tener que enfrentar mi vejez sin un esposo. Sin embargo, esa es la convicción que tengo para mi historia y creo que el Señor seguirá cuidando de mi vida. Sé que no todas las viudas compartirán mi decisión; de hecho, en el transcurso de estos años he conocido a algunas de ellas que se han dado otra oportunidad con un segundo matrimonio. Es una bendición ver cómo el Señor sigue obrando en los planes particulares que tiene para cada una de las que decidieron dar ese paso.

Cualquiera de las dos opciones que se elija tendrá sus retos, pero lo importante es que, más allá de la decisión tomada, la motivación sea la correcta y podamos decir con sinceridad que estamos honrando a Dios en cualquiera de las etapas que nos encontremos. Las luchas emocionales que las mujeres pueden atravesar al encontrarse y sentirse solas son muchas, y sin la gracia del Señor para continuar con una vida de buen testimonio, con fruto de lo aprendido en la prueba, podrían llegar a tomar decisiones erróneas al tratar de llenar esos vacíos emocionales a través de medios que no honren a Dios y que las desvíen de su fe.

La fragilidad emocional no es una buena consejera y es otra de las razones por las cuales el acompañamiento de cristianos cercanos es tan importante. Es importante tener a alguien que pueda expresar su preocupación por tu vida con confianza y amor cuando vea que algo no está bien. La confianza de la amistad también permite exhortar en el momento oportuno y no dejar que una vida se deslice sutilmente.

¿Cómo saber cuándo esta decisión no tiene una motivación correcta? En toda decisión necesitamos que Dios nos guíe, como lo dice David:

> Enséñame el camino por el que debo andar,
> Pues a Ti elevo mi alma.
>
> Salmo 143:8b

Debemos buscar honrarle por completo en esta nueva etapa. Él es el único que conoce lo más profundo de nuestras intenciones, incluso cuando ni nosotras somos capaces de identificarlas.

Si estamos poniendo nuestra confianza en esta nueva relación, no solo para obtener un sentido de propósito en la vida, sino como una fuente de seguridad futura, entonces podría ser una evidencia de que no se trata de una buena motivación. No debemos olvidar que los cristianos debemos descansar en la certeza del cuidado de Dios. Es verdad que la vida puede tornarse muy difícil en algunas circunstancias, también las estadísticas muestran cómo el estatus de una mujer viuda tiende a decrecer luego de la pérdida del esposo, no solo en el aspecto económico, sino muchas veces también en el social, especialmente si el círculo de relaciones giraba en torno a su posición de pareja. Es cierto que no tenemos las respuestas que nos aclaren el panorama que tenemos por delante, pero bueno es Dios que nos alienta y conforta con Su Palabra. El profeta Jeremías nos recuerda:

¡Bendito es el hombre [en este caso la mujer]
que confía en el Señor,
cuya confianza es el Señor.

Jeremías 17:7

Poner nuestra confianza en Dios es el llamado de todo creyente, es un acto de fe y es lo que estamos llamados a demostrar, especialmente cuando nos encontramos en medio de circunstancias sobre las cuales no tenemos control, no tenemos respuestas, ni la fortaleza para enfrentarlas. El profeta continúa detallando cómo se evidencia esta confianza:

Será como árbol plantado junto al agua,
Que extiende sus raíces junto a la corriente;
No temerá cuando venga el calor,
Y sus hojas estarán verdes;
En año de sequía no se angustiará
Ni cesará de dar fruto.

Jeremías 17:8

¡Qué descripción más esperanzadora!

El resultado de esta confianza en el Señor será una vida que da fruto, que crece espiritual y emocionalmente porque ha decidido creerle a Dios. Si todo ese caminar de dolor sirve para acercarnos más a Dios, conocerlo de modo más personal y dejarlo que obre en nuestras vidas, nada de lo que atravesemos será en vano. Podemos afirmar con seguridad que cada dificultad que se nos presente en nuestra vida es una herramienta para arraigarnos más en el Señor.

Ya hemos tratado en un capítulo anterior las instrucciones de Pablo a Timoteo con relación a las responsabilidades de la iglesia hacia las viudas (1 Tim. 5:3-16). Es un hermoso pasaje que nos muestra el corazón de Dios con respecto al cuidado práctico que debe recibir una viuda en diferentes aspectos, para lo cual establece muchos indicadores que se deben poner en práctica.

Pero no debemos olvidar que también menciona que la viuda es responsable del cuidado de su testimonio y por eso se advierte del peligro de que una viuda se incline a una vida que no sea piadosa y que se aparte del Señor. Es posible que sus necesidades emocionales la lleven a una persona que nuevamente le permita intimidad y compañía, pero si no es la persona indicada, puede que se aleje de Dios, la única fuente de vida y esperanza. Es necesario advertir también que esto no necesariamente ocurre de un día para el otro, sino que más bien puede empezar con un pequeño desvío, pequeñas concesiones que poco a poco la alejan del Señor y de la vida de iglesia.

Por otro lado, si se trata de una mujer viuda que no ha tenido hijos, es posible que el tener más tiempo disponible ahora que no hay un esposo con quien compartir pueda llevarla a una vida de ocio, a no tener rutinas saludables o metas que alcanzar. Si bien para muchas los hijos pueden convertirse en un impulso para continuar y sacarlos adelante, sin la gracia de Dios tampoco eso sería algo realizable.

Sé que es muy difícil volver a tener planes y sueños dentro de una nueva realidad de viudez, pero en el Señor sí hay planes y sueños nuevos. Él sigue trabajando en la vida de Sus hijos sin importar el estado en que se encuentren. Grandes logros pueden darse después de grandes quebrantos. Pablo anima a que las viudas jóvenes se casen (1 Tim. 5:14), que puedan tener hogares y familias en las cuales invertirse, entendiendo que un buen hogar, un buen matrimonio es en sí mismo de gran testimonio en la sociedad.

¿Cómo se ve a una mujer viuda dentro de la vida de iglesia? Ya mencioné anteriormente que muchas veces estas mujeres tienen que empezar desde cero en términos legales y sociales. La viudez no es aceptada socialmente como un estatus, al punto de que la mayoría de los formularios que uno llena como ciudadano para varios asuntos cotidianos, ni siquiera tienen esta opción. Lamentablemente, también dentro de la vida de iglesia puede resultar difícil encontrar un lugar en este nuevo estatus de viudez, y para entenderlo mejor basta con ver que en las iglesias solo se entiende que existen dos grupos de mujeres: las casadas y las solteras. En este último grupo se incluyen mujeres que no se han casado, divorciadas y viudas, pero la verdad es que la realidad y la historia de cada uno de esos subgrupos es muy diferente. Por lo tanto, las luchas y necesidades de solteras, divorciadas y viudas también tienen una raíz diferente y debemos acercarnos a cada una de ellas con la gracia particular que necesitan. Entender algunas de estas diferencias ayudaría a ser más compasivas las unas con las otras.

Todos los creyentes necesitamos realmente vivir poniendo nuestros ojos en las cosas de arriba, donde está Cristo y no en las de la tierra (Col. 3:1-2). Sin embargo, no está mal reconocer esas diferencias que hacen que la historia de cada una sea especial y, al mismo tiempo, escrita por el mismo

Dios. Por ejemplo, cuando pensamos en una mujer que no se ha casado, su lucha puede estar más relacionada con aceptar la falta de un compañero en su vida, rendir al Señor esos sueños de una familia y una maternidad y todavía decidir tener una vida con propósito, fructífera y feliz al poder usar sus dones, recursos y tiempo para bendecir en la iglesia.

Por otro lado, una mujer divorciada ha vivido una experiencia traumática que podría haber lastimado su alma y tiene que lidiar con otras emociones. Puede que se sienta traicionada, insegura o fracasada y necesite ver que Dios es su sanador y quien levanta su cabeza. Aunque aparentemente pueden estar en el mismo lugar que una viuda, porque si tiene hijos también se encuentra criando sola y su proceso también implicó una pérdida, sus historias y sus pérdidas son diferentes y Dios obra de forma particular en medio de esas diferencias.

El propósito de esta distinción no es minimizar ninguno de estos estatus personales, sino dar mayor claridad y así poder tener un mejor acercamiento y servicio a estas mujeres que son parte de la iglesia, pero que experimentan una condición diferente. La muerte es el único estado que no se puede cambiar, mientras que pueden existir casos en los que parejas divorciadas deciden casarse nuevamente después de un tiempo en que Dios obra en sus vidas. También puede haber padres que han salido del hogar debido a un divorcio y ya no tienen el rol de esposos, pero siguen cumpliendo con su rol de proveedores y de estar presentes en la vida de sus hijos. Ese escenario ya no es posible en el caso de una viuda, sus hijos ya no tendrán a su padre ni esa mujer a su esposo. Esto es tan obvio que no sería necesario expresarlo, pero en la práctica pareciera que no es así.

El pasar por alto la historia que hay detrás de cada viuda, especialmente si es una mujer cuya fe está puesta en Dios, sería como minimizar la obra de Dios en esa vida y en su familia. La Biblia tiene muchas historias que nos ayudan a ver no solo la grandeza de Dios en su obrar sobre determinados personajes humanos, sino Su misericordia y cercanía al considerar las necesidades particulares de cada persona.

Por ejemplo, cuando se narra la enseñanza sobre la ofrenda de la viuda (Mar. 12:41-44; Luc. 21:1-4), Jesús especifica la condición de esta mujer: era una viuda pobre que apenas pudo dar de ofrenda dos monedas con el menor valor existente. Sin embargo, aunque su ofrenda lucía insignificante frente a lo que daban los ricos, el Señor nos da a entender que su fe y su confianza en Dios era mayor que la de ellos. Por lo tanto, su adoración era sincera y el Señor, que conoce la verdadera condición del corazón, recibió esa ofrenda. Las personas solo vieron el valor insignificante de esas monedas y seguramente la menospreciaron en sus corazones, pero ella estaba dando testimonio público de que su provisión y cuidado no descansaban en sus recursos o sus circunstancias, sino en su Dios. Eso es lo que Jesús resaltó con esta enseñanza. Era una persona en desventaja social y económica, pero eso no impidió que se acercara a dar su ofrenda. Debió ser muy difícil sentirse observada por los demás y creo que no sería equivocado decir que para ella era suficiente saber que lo hacía delante de Dios.

Por otro lado, también tenemos la historia de Eliseo y la viuda (2 Rey. 4:1-7). Nos encontramos con otro personaje que no tiene nombre, solo se nos menciona su estatus como viuda y la necesidad apremiante que tenía de poder cubrir una deuda muy significativa que había dejado su esposo. Si no la pagaba perdería a sus hijos, pues según la costumbre, si el deudor no tenía los recursos para pagar la deuda, se tomaban como esclavos a algunos de los miembros de esa familia para cubrir la deuda. La deuda que la viuda tenía que afrontar debió ser grande porque iban a llevarse a sus dos hijos. Podemos entender los miedos de la viuda y su imposibilidad de encontrar una solución ante una realidad tan angustiante, pero Dios obró en medio de esta necesidad usando medios sobrenaturales para que Su nombre fuera alabado y no quedara la menor duda de que si ella había podido salir de una condición imposible en términos humanos, había sido por una intervención divina.

No es la vasija con aceite interminable lo que debiera asombrarnos, sino el Dios todopoderoso que está detrás de ese milagro. Él proveyó la estrategia, conocía la cantidad de aceite necesaria y estuvo siempre en control de toda la situación. Así también debemos verlo en nuestras circunstancias, por más difíciles que sean. A veces, se hace muy difícil entender las orquestaciones del Señor o los caminos que tiene para Sus hijas, pero lo que nos pide es que tengamos fe tan solo como un grano de mostaza y la certeza de que Él sabe lo que realmente necesitan nuestras vidas.

Capítulo 14

TESOROS ESPIRITUALES

Porque donde esté tu tesoro, allí estará también tu corazón.

Mateo 6:21

Hay personas que tienden a buscar siempre el lado positivo de una situación. Enfrentan las circunstancias de la vida con una actitud siempre dispuesta a encontrar algo bueno en medio del caos y la dificultad. Son los que tienen una capacidad particular para adaptarse y superar diferentes tipos de traumas. Algunos lo definen como una persona resiliente que es digna de admirar. El cristiano también debiera tener una actitud similar, pero nosotros no lo llamamos «pensamiento positivo» o «gran fuerza de voluntad», sino que lo llamamos «fe», porque en medio de la dificultad o la debilidad descansamos en la obra y las palabras de Dios. La fe en Dios nos permite crecer al ver lo que Él mismo está haciendo en medio de las circunstancias que estemos atravesando. Es el Señor quien abre nuestros ojos y nos permite tener una perspectiva diferente de nuestra realidad y así poder adorarlo al ver Su obra.

En medio de la prueba que nos tocó vivir, pudimos encontrar tesoros escondidos, esas oportunidades para vivir nuestra fe de manera diferente, esos momentos en que el testimonio del otro es un aliento para el que todavía está en medio de la prueba y quiere compartir de esos tesoros ya descubiertos que nos enseñan y nos animan. A continuación les presento algunos de los muchos tesoros aprendidos durante nuestra prueba.

AMAR A LA MANERA DE DIOS

Pasar por esta experiencia orquestada por Dios me permitió vivir algo que uno dice como parte de sus votos en el día de la boda, pero que no entenderá hasta que llegue el momento preciso. Me refiero a la promesa de «acompañarnos en salud y enfermedad hasta que la muerte nos separe». Tal vez son palabras dichas con mucha rapidez y poca reflexión. Son frases tan conocidas que no se procesan correctamente en nuestra mente porque las decimos en momentos de celebración y gozo y no se tienen en cuenta los momentos de dificultad que vendrán con el tiempo. Sin embargo, las hemos dicho y expresan la realidad de que, junto con la alegría que implica la unión de dos vidas en un matrimonio, viene la posibilidad del dolor, el sufrimiento y la muerte. La forma en que los enfrentemos hará una gran diferencia en nuestras vidas y en nuestra familia. Las pocas semanas que tuvimos para lidiar con el cáncer de Danilo me llevaron a cumplir otros aspectos de ese rol de esposa que hasta ese momento estaba viviendo.

Por la gracia de Dios, fui bendecida con la experiencia de sentirme segura y cuidada al vivir bajo el principio bíblico de la sumisión. Aunque pude entender ese término muchos años después de mi matrimonio, sí había sido bendecida con la práctica. En primer lugar, conocía la sumisión como hija en la relación con mi papá, quien mostraba ese cuidado y protección hacia su familia y sus hijos, siempre entregado por nosotros con paciencia y felicidad, velando por nuestro bienestar antes que el suyo. Un padre que, aunque en esos años no reconocía a Dios como su Señor y Salvador, modeló esos atributos que con el tiempo fueron muy importantes en mi comprensión y acercamiento a Dios como Padre celestial.

En segundo lugar, también tuve un esposo que me amó y supo darme ese lugar de refugio, cuidado y cercanía que permitió que vivir bajo su liderazgo fuera una bendición más que una carga. Éramos dos personas con sus diferencias, pero pude ver en nuestro matrimonio su cuidado en los detalles, su confianza en Dios para llevar adelante la responsabilidad y los retos de una familia. Su relación personal con Dios también era un aliento fundamental para mi vida.

Sin embargo, con su enfermedad algo había cambiado. Él necesitaba que fuera más allá en mi forma de expresar mi amor por él y sin darme cuenta me encontré viviendo el amor que describe Pablo: sufrido, benigno, que no busca lo suyo, que no se irrita, que es paciente, todo lo sufre, todo lo cree, todo lo espera, todo lo soporta (1 Cor. 13:4-8). Cada una de esas palabras son demasiado grandes como para pensar que podemos cumplirlas en nuestras fuerzas, pero qué bendición ver a Dios fortaleciéndonos en medio de nuestras debilidades, reconociendo que tanto Danilo como yo necesitábamos de Su obrar para ser y hacer lo que el Señor quería de cada uno de nosotros.

Los momentos que vivimos fueron muy difíciles y era realmente un camino nuevo para los dos. Ahora me correspondía demostrarle mi amor no solo con palabras escritas en lindas tarjetas o mensajes de teléfono, sino con acciones de un amor que se entrega, que renuncia a la comodidad, a planes, a rutinas más sencillas y predecibles, que pone en primer lugar el bienestar del otro. Las noches largas en los hospitales, la falta de comodidad, el cansancio natural de esos días con largas jornadas se convirtieron en cartas de amor escritas con acciones. Lo importante era poder cuidarlo lo mejor que podía y que el sentirse amado aliviara al menos un poco el proceso que estaba viviendo y le recordara que seguía siendo la persona a quien admiraba y respetaba a pesar de que la enfermedad iba mermando sus habilidades físicas.

El Señor me dio la gracia, las fuerzas y el gozo para poder cumplir con mi rol de esposa en medio de su enfermedad. Nunca pasó por mi mente dejar de acompañarlo en esos momentos o mantenerme distante de su situación. Tal vez incomodaba a médicos y enfermeras porque siempre estaba presente, supervisando, haciendo preguntas y dando seguimiento a las indicaciones. Nada me era desconocido, desde su alimentación, algunas veces su baño bajo una ducha suave o la provisión de sus medicinas. Puedo decir con toda certeza que fue un privilegio haber podido amar de esa forma en sus últimas semanas a quien me amó y me cuidó por tantos años.

Los creyentes estamos llamados a vivir y responder a las demandas de esta vida de modo diferente al que no conoce la verdad de Dios. La razón es muy sencilla: no somos de este mundo, no vivimos conforme a sus estándares, tenemos una cosmovisión bíblica de la vida que nos recuerda que debemos honrar a Dios y servir al prójimo. Estamos llamados a evidenciar un andar diferente (Ef. 4:17). Si dejamos de poner nuestros ojos en la verdad de Dios, ciertamente pereceremos en el proceso o blasfemaremos contra nuestro Señor. Él es nuestro mayor ejemplo de entrega. El apóstol Pablo nos describe la actitud de Cristo y nos exhorta a seguir su ejemplo:

> No hagan nada por egoísmo o por vanagloria, sino que con actitud humilde cada uno de ustedes considere al otro como más importante que a sí mismo, no buscando cada uno sus propios intereses, sino más bien los intereses de los demás.

> Haya, pues, en ustedes esta actitud que hubo también en Cristo Jesús, el cual, aunque existía en forma de Dios, no consideró el ser igual a Dios como algo a qué aferrarse, sino que se despojó a Sí mismo...
>
> Filipenses 2:3-7a

Sabemos que la relación del matrimonio está concebida para bendición y crecimiento de dos personas que deciden unirse y caminar juntas en esta vida para dar gloria a Dios y ser buenos testigos de sus verdades. Sin embargo, la experiencia y las estadísticas nos dicen que este pacto tan sublime se ha ido volviendo cada vez más frágil y fácil de romper. La alta tasa de divorcios no solo es una realidad en el mundo secular, sino también dentro del mundo cristiano. Gran parte de esas rupturas (por supuesto, no todas) tienen que ver con un amor inmaduro y egoísta, que solo está presente cuando las circunstancias son fáciles y cómodas, cuando no se exige ningún tipo de sacrificio y, más bien, busca recibir solo los beneficios. Un amor sin compromiso, dispuesto a escapar para buscar «mejores» opciones o cuando la relación ya no nos conviene. Es una tristeza que no abracemos la bendición que está detrás del sufrimiento que puede surgir por la enfermedad y la muerte de un cónyuge. Es una cultura que evita por todos los medios el dolor o la incomodidad, que no puede concebir considerar las necesidades del otro como importantes y, por lo tanto, no es capaz de mantenerse fiel a una promesa cuando el requerimiento para sostener un matrimonio es pensar en el bienestar del otro en lugar de estar centrados en uno mismo.

SUFRIR A LA MANERA DE DIOS

Otra bendición durante este proceso fue ver a un creyente sufrir bien aquello que llegó a su vida de forma inesperada. No somos de las personas que andan buscando las oportunidades para sufrir, eso sería enfermizo. Sin embargo, la pregunta es ¿cómo reaccionamos y qué hacemos cuando estas circunstancias llegan a nuestras vidas? La realidad es que en algún momento tocarán a nuestra puerta y en más de una ocasión. ¿Huimos, rechazamos, nos llenamos de enojo y frustración, o nos rendimos a Su soberana voluntad? Tenemos la libertad de responder de cualquiera de esas maneras, pero una sola es la que conviene a nuestra alma.

Por la gracia de Dios, Danilo nos modeló lo que implica la paciencia, la aceptación, la humildad, el confiar en Dios, sabiendo que todo lucía muy incierto y aún más cuando supimos lo breve que sería ese proceso. Todos los que estuvimos cerca, mis hijos, mi familia y yo fuimos testigos de que, aunque el cuerpo iba desapareciendo, había una fortaleza del alma y del espíritu que acompañaba cada decisión. Él seguía confiando aun durante las angustiantes noches, cuando nada podía calmar el dolor. Su fe nunca fue quebrada, y en sus momentos de lucha interna con su Dios por la tristeza que tenía al pensar en dejarnos, el Señor entendía sus dudas y sus temores, y fue paciente con él. Fue una bendición ver una vida que había amado a su Señor y que lo honró hasta el último momento.

En muchos de los silencios y momentos en que no sabíamos qué hacer, Danilo seguía dándonos instrucciones y aliento. Sus fuerzas iban mermando tan rápidamente que hasta hablar era un gran esfuerzo para él, pero mientras podía, alentaba a quien estaba a su alrededor con palabras amables y una sonrisa para médicos y enfermeras.

Todos los que han pasado o están atravesando una enfermedad prolongada con un ser querido saben lo duro que es ver cómo el cuerpo se consume, las habilidades se pierden y la fragilidad humana, de la que habla la Biblia al decir que somos solo un soplo, se hace tan evidente. Sin embargo, en esas circunstancias es que se evidencia el verdadero carácter de cada persona.

El anhelo de todo creyente es que Dios nos permita correr con fidelidad la carrera que cada uno tiene por cumplir y seguir siendo un instrumento de gracia hasta el final. Dios orquestó que su lecho de enfermo se convirtiera en su púlpito, porque desde allí podía seguir siendo un buen testigo del Dios que amaba. Quizás el público era reducido, pero basta con que una vida sea impactada y alentada para saber que no todo es en vano.

Esta realidad nos confronta hasta preguntarnos: ¿qué estamos haciendo para Dios mientras gozamos de salud, recursos y tiempo disponible? ¿Usamos las oportunidades y las circunstancias para evidenciar nuestra fe en un Dios verdadero o seguimos consumiendo todo lo que tenemos por gracia para nuestro beneficio? El salmista dice:

No a nosotros, SEÑOR,
no a nosotros,
Sino a Tu nombre da gloria,
Por Tu misericordia,
por Tu fidelidad.

Salmo 115:1

Los creyentes debemos recordar, por sobre todas las cosas y circunstancias, que siempre se trata del Señor y de poder darle gloria a Él, aun en medio de la debilidad y del dolor, o de la abundancia y el gozo.

Es muy cierto que en nuestro entendimiento tan limitado no podemos entender o ver los propósitos divinos en medio de lo que estemos viviendo, sin embargo, creemos que el Señor sí está obrando para bien.

UNA CARRERA TERMINADA

La partida de un creyente a la presencia del Señor es un recordatorio de la esperanza que tenemos de que la vida no tiene que ver solo con lo que sucede en esta tierra, que en realidad somos simples peregrinos y extranjeros que estamos de paso hacia nuestra ciudad celestial. La muerte significa pasar a una eternidad con Dios o separados de Él y, aunque para los que quedan eso implica dolor, para el Señor es un motivo de celebración porque uno de Sus hijos ha llegado a casa.

Estimada a los ojos del Señor
Es la muerte de Sus santos.

Salmo 116:15

Todos los que han terminado su carrera no solo dejaron de tener el peso de la lucha continua contra el pecado, sino que ahora tienen la dicha de estar en la presencia del Señor. Todas las dudas o preguntas que podemos tener de este lado de la tierra sobre esa vida eterna ya tienen respuestas para ellos. ¡Cuán finita es nuestra mente ante estas realidades tan profundas!

No hay nada mejor que cerrar este capítulo con las palabras finales que le escribe a Timoteo:

> He peleado la buena batalla, he terminado la carrera,
> he guardado la fe.
>
> 2 Timoteo 4:7

Este es el tiempo para perseverar, para levantarnos cuando nos caemos, para aferrarnos a las promesas hasta el día en que también Dios nos llame a Su presencia.

Capítulo 15

RECOMENDACIONES PRÁCTICAS

**Los pensamientos son frustrados donde no hay consejo;
Mas en la multitud de consejeros se afirman.**

Proverbios 15:22, RVR60

Quisiera incluir en este capítulo algunas recomendaciones prácticas que se pueden pasar por alto durante el proceso del duelo. Es posible que perdamos de vista algunas situaciones que también es necesario considerar, aunque podría parecer que no son importantes, pero sí lo son porque tú sigues en esta carrera, tú sigues viviendo en este mundo.

CONOCE TU REALIDAD

Resulta sumamente difícil tener que considerar todos los aspectos legales y económicos a los que se requiere prestar atención cuando el dolor de la pérdida es tan reciente. Sin embargo, la realidad es que todo el sistema del cual formamos parte sigue su curso y eso incluye pagos, cumplimiento de compromisos y trámites legales que iniciar.

Es muy importante tratar de conocer cuanto antes la realidad general de tu familia, los compromisos adquiridos por tu esposo, las deudas o cuentas por cobrar, los beneficios que le corresponden, las notificaciones que tendrías que hacer a diferentes estamentos, la forma en que se realiza el proceso de sucesión y la declaratoria de herederos. Es posible que muchos de esos trámites no solo sean nuevos para ti, sino que además suelen ser mental y físicamente agotadores. Eso los hace más difíciles y complicados.

No dudes en buscar ayuda si crees que necesitas orientación para dar estos pasos. Es probable que algunas situaciones sean más sencillas y otras no tanto, pero ciertamente van a requerir mucha paciencia y perseverancia. En mi caso, vivo en un país como extranjera residente, por lo que tuve que cumplir con esos diversos procesos en ambos países. Me tomó casi un año ir a diferentes instituciones gubernamentales para dar seguimiento a uno solo de los diferentes trámites que tenía en curso. Tenía claro que ni mis fuerzas ni mi mente me daban para entender todas las indicaciones que recibía, pero sabía que no podía dejar pasar el tiempo y dejar que ese escenario se complicara.

Es verdad que somos peregrinos en esta tierra, que nuestra esperanza no está en lo material que ofrece el mundo, pero al mismo tiempo, no se puede obviar que somos ciudadanos y residentes de un país, por lo que tenemos compromisos y responsabilidades que no se deben eludir y, como dice la Escritura, las leyes también se aplican al creyente.

CUIDA TU SALUD

Más allá de si tu proceso fue breve o duró mucho tiempo, es bueno que sepas que has estado cuidando a un enfermo y, por lo tanto, tu cuerpo también ha sido impactado durante ese tiempo estresante, demandante, con falta de sueño que has vivido. Necesitas saber bien cómo te encuentras después de ese proceso difícil y cuáles son los pasos que tienes que dar para ayudarlo a que vuelva a la normalidad.

Estamos hablando de que algo tan básico como retomar una rutina de sueño saludable puede convertirse en algo muy difícil de alcanzar. Si llegas a sentirte mal, no creas que te estás imaginando dolencias porque pueden ser reales. Ahora que todo ha terminado y hay una aparente calma en tu entorno, tu organismo también empieza a hablar y tienes que saber escucharlo. No te sientas culpable de poner atención a tu salud, es más, ahora debes ser una buena administradora de tu propia salud. Si antes no eras tan diligente en esto, ahora es un buen momento para empezar.

Recuerdo que durante las primeras semanas y meses después de que Danilo falleció, tenía un dolor tan intenso en el pecho que llegué a comentarle a una hermana que sentía que el corazón literalmente se me estaba desgarrando por dentro y no podía darle mayor explicación. Mucho tiempo después descubrí que esa sensación era una condición reconocida médicamente y no era algo que me estaba imaginando. Se llama *cardiopatía de takotsubo* o, dicho de una forma más conocida, *síndrome del corazón roto*. Se define como una afección temporal en la que el músculo del corazón que bombea la sangre cambia de forma y se debilita. La principal causa para esta anomalía es el estrés agudo o un choque emocional muy fuerte, así que es comprensible que esta afección también te suceda.

No solo el corazón, sino que otros órganos también pueden ser afectados. Incluso ahora se evidencian condiciones que antes no presentaban síntomas externos. En mi caso, también se detonó una afección autoinmune que me ha llevado a hacer un cambio drástico en mi dieta. Sin embargo, estoy agradecida a Dios porque me ha permitido poder aplicar acciones al respecto. Todo esto es parte de la fragilidad de la condición humana.

Ahora te toca asumir la responsabilidad de ser diligente y cuidar de tu salud por ti y por tu familia. Nadie quiere estar en citas médicas o pasar tiempo en consultorios, pero es parte del llamado a ser buenos mayordomos de lo que Dios nos ha dado, reconociendo lo frágil que es nuestro cuerpo.

EL PROCESO ES INDIVIDUAL

El impacto de la pérdida de un esposo y padre, aunque afecta a toda la familia como núcleo, es procesado de manera diferente por cada uno de los miembros, dependiendo de su edad, su sexo o la etapa de vida en la que se encuentren. Debemos aprender a respetar la forma en que cada uno de ellos está lidiando con esta pérdida, siempre y cuando no surjan conductas destructivas.

La línea que marca la diferencia entre una tristeza normal por el duelo que se está atravesando y la depresión que empieza a abarcar todos los aspectos de una vida hasta hacer que se estanque no siempre se identifica con facilidad. Por eso, parte de las acciones que se deben tomar en este proceso es buscar ayuda externa con quienes tus hijos y tú misma puedan expresar sus emociones y externar sus luchas. No dudes en buscar a los especialistas, pero siempre considera que sean profesionales que tengan tus mismas convicciones.

De seguro quisieras ser la persona con quienes tus hijos tengan la confianza de hablar de sus emociones, pero si esto no se diera, te recomiendo que esperes a que ese momento llegue sin presión. Quizás al inicio no necesiten hablar y tú tampoco estés preparada para ser ese soporte necesario. Entonces, no lo tomes de modo personal ni te sientas rechazada.

Las madres cristianas debemos descansar en que el Señor está haciendo Su obra en el corazón de nuestros hijos y, al igual que contigo, el Señor es el único que irá llenando ese vacío que ha dejado esa pérdida. Si ellos también profesan una fe personal en Dios como su Salvador, entonces tendrán que poner a prueba sus convicciones y aprender a descansar en la soberanía de Dios. Puede que sea un tiempo de lucha personal y tú misma tengas miedo de lo que ellos puedan estar pensando y te llegues a sentir impotente por no poder ser quien los consuele, por eso te animo a que tus oraciones no cesen pidiendo que puedan acercarse a Dios como única fuente de consuelo y fortaleza y que sus corazones hallen paz en la verdad de las Escrituras. Ellos también tienen sus preguntas, muchas de las cuales no tienen respuestas sencillas o simplemente no tienen respuesta.

Durante ese proceso tuve que respetar la decisión que mis hijos tomaron algunas veces de no querer ir a determinadas actividades de la iglesia o actividades familiares. Para ellos era demasiado doloroso tener que enfrentarlas y no se sentían todavía preparados para participar en ellas. Aunque también lo eran para mí, había tomado la decisión de participar y no debía imponérsela a ellos. Mirando atrás, puedo decir una vez más que la gracia de Dios estuvo con cada uno de ellos, en medio de sus luchas, sus preguntas o su enojo. Dios fue muy paciente al hacer Su obra amorosa en ellos.

Hubo muchos momentos en que me sentí impotente al no poder entender lo que necesitaban, o incluso temía que mis acciones o respuestas pudieran ocasionar mayor tristeza que alivio. Sin embargo, Dios fue muy personal a pesar de mis faltas y limitaciones. Aunque por un tiempo atravesamos el valle del dolor recorriendo sendas un poco distantes, al final el Señor unió nuestros caminos, nos ayudó a entendernos en medio de nuestras diferencias y pudimos crecer como familia.

Conclusión

PASANDO LA PÁGINA

Hasta aquí nos ha ayudado el SEÑOR.

1 Samuel 7:12b

Mencioné al inicio que toda tormenta siempre tiene un final que llega en el tiempo propicio que solo conoce el Señor. Esto se debe a que hay un propósito que se va cumpliendo con cada prueba que tendremos que atravesar y, aunque no sepamos exactamente cuándo llegará la próxima, tenemos esa esperanza de que, juntamente con la prueba, Dios proveerá la salida (1 Cor. 10:13).

Tal vez ya has llegado al punto donde sabes que tu duelo ha terminado, tu vida y la de tu familia han encontrado nuevas sendas, nuevos retos y nuevas esperanzas. Tu dolor ya no es parte de tu día y, aunque siempre habrá momentos que despierten el recuerdo del ser querido que ya no está, esos momentos estarán saturados de la paz que solo puede dar el Señor. Las heridas que al inicio eran tan dolorosas son ahora una cicatriz que sirve como recuerdo del trayecto recorrido, de la fortaleza recibida y de la esperanza que tienes de seguir adelante.

Ahora sí puedes decir con toda convicción desde lo más profundo de tu ser:

> Y sabemos que para los que aman a Dios, todas las cosas cooperan para bien, esto es, para los que son llamados conforme a Su propósito. Porque a los que de antemano conoció, también los predestinó a ser hechos conforme a la imagen de Su Hijo...
>
> Romanos 8:28-29

Has atravesado esos valles y desiertos, y ahora que miras el camino recorrido, puedes hablar con asombro sobre la obra de fidelidad de Dios en tu vida.

Ha llegado el momento de decir con certeza que hay propósito en medio de las pruebas. Puede que aún no tengas todas las respuestas o que no todo en tu entorno se encuentre perfecto y solucionado, pero tú has sido fortalecida, transformada y afirmada en tu conocimiento de Dios. Por la gracia de Dios este proceso ha moldeado en ti un poco más de la imagen de Cristo, por lo cual debieras sentirte gozosa. Si no estás segura de que esto sea así, si crees que el tiempo simplemente ha pasado sin mayores cambios, déjame alentarte con las palabras de Pedro con relación a lo que el Señor hace en la vida de Sus hijos:

> Y después que hayan sufrido un poco de tiempo, el Dios de toda gracia, que los llamó a Su gloria eterna en Cristo, Él mismo los perfeccionará, afirmará, fortalecerá y establecerá.
>
> 1 Pedro 5:10

El sufrimiento que se acepta como parte de la obra de Dios repara las debilidades de nuestro carácter, nos afirma en el lugar que Dios nos ha puesto como Sus hijos, nos llena de una fuerza que viene por la cercanía del Señor y afirma nuestros cimientos para que puedan resistir los ataques que vienen en esta vida.

Ahora sabes que algunos estarán saliendo de una situación de aflicción, mientras que habrá otros que estarán iniciando este recorrido. El testimonio de la fidelidad de Dios y cómo el Señor ha obrado en ti tendrá un impacto en los que te rodean que los moverá a seguir corriendo con esperanza la carrera que cada uno tiene por delante, sabiendo que nuestra meta final no se encuentra en esta vida terrenal, sino en una celestial. Cuando lleguemos a la patria celestial no conoceremos ni el llanto, ni la tristeza, ni el vacío en el corazón, porque la presencia de Dios lo llenará todo.

¡A Él sea la gloria por los siglos de los siglos, amén!

Notas